Tommy Brandner

Das Fun-Buch

29 irre Windsurfgeschichten

Delius Klasing Verlag

Bibliografische Information der Deutschen Nationalbibliothek
Die Deutsche Nationalbibliothek verzeichnet diese Publikation in
der Deutschen Nationalbibliografie; detaillierte bibliografische
Daten sind im Internet über http://dnb.d-nb.de abrufbar.

1. Auflage
ISBN 978-3-7688-3139-0
© by Delius, Klasing & Co. KG, Bielefeld

Illustrationen (einschließlich Titelmotiv): Bernhard Förth
Umschlaggestaltung: Gabriele Engel
Satz: Axel Gerber
Druck: CPI – Clausen & Bosse, Leck
Printed in Germany 2010

Alle Rechte vorbehalten! Ohne ausdrückliche Erlaubnis
des Verlages darf das Werk, auch nicht Teile daraus, weder
reproduziert, übertragen noch kopiert werden, wie z. B.
manuell oder mithilfe elektronischer und mechanischer
Systeme inklusive Fotokopieren, Bandaufzeichnung und
Datenspeicherung.

Delius Klasing Verlag, Siekerwall 21, D - 33602 Bielefeld
Tel.: 0521/559-0, Fax: 0521/559-115
E-Mail: info@delius-klasing.de
www.delius-klasing.de

INHALT

Lehrmethoden	7
Rosamunde Ballermann	9
Living in a Box	13
Zwei Finger für ein Halleluja	17
Es geht auch ohne	20
Geteiltes Leid ist doppeltes Leid	25
So leicht geht das	30
Statistik mit Trick	34
Steuer-Board	39
Gaudeamus igitur	43
Das Secondhand-Unternehmen	47
Die spinnen, die Briten!	50
Einmal im Jahr	55
Der Windsurf-Junkie	60
Geschenkt ist viel zu teuer!	65
Cool – Loop dich jung!	70
Liebe mit Hoch und Tief	75
Wo werde ich geholfen?	79
Kinder, Kinder …	82
Aldi-Boards all-inclusive	85
Freeride Volcans am Gagasee	89
Dumm gelaufen	93
Special Surf Squad	97
Der Wind von morgen	102
Nur mit Gummi	106
Fites Fahrschule	111
Kite is right	116
Alle Macht dem Material	120
King Harry, der Manöver-König	124

LEHRMETHODEN

In den Anfängen des Windsurfens wurde der Schüler, im wahrsten Sinne des Wortes, ins mehr oder weniger kalte Wasser geworfen. Wobei die Temperaturunterschiede des jeweiligen Lehrwassers sicherlich im direkten Zusammenhang mit dem Lernerfolg standen. Beweis: Hawaii – warmes Wasser – Robby Naish. Lüdenscheid – kaltes Wasser – Harry Zapf. Na bitte. Diese Methode sparte natürlich viel Zeit. Nämlich die des Surflehrers – der war ja schließlich nicht dabei.

Zeitsparende Lehrmethode 2 ist tatsächlich der Gang zur Surfschule. Aber machen Sie nie den Fehler, sich als blutiger Anfänger zu outen. Gehobener Fortgeschrittener ist das Mindeste, was Sie angeben sollten. Besser noch, Sie nehmen den Lehrer vertrauensvoll zur Seite und erzählen ihm, dass Sie früher den Deutschen Windsurf Cup gefahren sind. Aber seit diesem Monstersturz vor Sylt haben Sie irgendwie keine Erinnerung mehr an verschiedene Bewegungsabläufe und die 2-jährige Reha nach den siebzehn Knochenbrüchen habe Sie zusätzlich zurückgeworfen. Ganz zu schweigen von – nein, das ist nicht zu dick aufgetragen – von dieser Silberplatte in Ihrem Schädel. So, und jetzt würden Sie Ihr Können nur gerne etwas auffrischen.

Lehrmethode 3 ist die »Ich-zeig-dir-das-mal-eben«-Methode. Sie kommt normalerweise unter Freunden zum Einsatz und ist zumindest an großen Gewässern, wie zum Beispiel an Meeren, ungeheuer zeitsparend. Das zeigt sich, noch bevor Sie die Wende gelernt haben. Wenn Sie nämlich zum allerersten Mal jubelnd geradeaus auf die See hinausschippern, nach zehn Minuten von Ihrem Brett kippen und dann weder das Rigg aufziehen noch umdrehen und zurücksurfen können. Genau jetzt sparen Sie Zeit. Denn während Sie paddelnd ungefähr vier Stunden für die Strecke zurück zum Strand benötigen würden, schaffen Sie das im Rettungsboot der Wasserwacht in nur einer Minute.

Lehrmethode 4 ist das heimliche Abschauen bei anderen. Geschickt, sparsam und irgendwie wahnsinnig cool. Es hat was von Geheimdienst und Undercover und so. Man muss nur das richtige Objekt für seine eigene Problemlösung finden. So nützt es beispielsweise wenig, einem Wasserstartschüler beim Ertrinken zuzusehen, wenn man gerade selbst erst am Ufer reanimiert wurde.

Völlig unsinnig ist es übrigens auch, sich neben einer Surfschule zu platzieren und einen Anfängerkurs auszuspionieren. Was wollen Sie denn da lernen? Das sind ja alles Anfänger, die selber nichts können. Und das können Sie auch! Suchen Sie sich für den Anfang jemanden aus, der in möglichst gleichbleibender Frequenz ins Wasser fällt und danach immer wieder versucht, aufs Brett zu klettern. Das üben Sie dann, bis Sie es können. Und nicht gleich die Flinte ins Korn werfen. Es ist noch kein Meister vom Brett gefallen. Der Trick an der Sache ist einerseits das genaue Beobachten – ganz Schlaue machen sich Notizen – andererseits das Üben und Scheitern. »Trial and Error« sagt der Anglist dazu und meint dabei eine heuristische Herangehensweise. Und dieses »heuristisch« erklärt uns Dr. Wikipedia im Internet so: »Das ist die kunstfertige Eigenschaft, mit begrenztem Wissen und wenig Zeit zu guten Lösungen zu kommen.« Und das ist doch haargenau das, was Sie als Windsurf-Anfänger wollen. Also, geben Sie sich etwas Mühe. Sehen Sie genau hin, versuchen und scheitern Sie heuristisch, dann können Sie vielleicht schon nach wenigen Stunden genauso formvollendet ins Wasser klatschen wie Ihr Vorbild.

Rosamunde Ballermann

Scheiß Last Minute. Nix mehr nach Fuerte, Sardinien oder Rhodos! Nur ein Platz nach Mallorca war frei geworden – der Mann lag mit einer Alkoholvergiftung im Krankenhaus. »Meinetwegen. Und wenn ich sowieso nur windsurfe, geht mir der Touristenrummel eh meilenweit am Gesäß vorbei.«

Der Pauschalbomber war voll wie ein Ameisenhaufen und als er abhob, fingen die 120 Mitglieder der acht Kegelklubs an Bord sofort an, »Roosaamundee, zeig mir dein Sparkassenbuuch« zu grölen, wie der Betrunkenenchor aus Sambucca. »Proscht«, sagte mein Nachbar, und schüttete mir einen kräftigen Schluck Bier übers Hemd. »Na, au amal nach Mallorka, d'Sau rauslasse ohne de Mamma? Wo wohnscht denn?« »Im Rio Nero.« »Ha, da wohnet mir au alle!« Mit so viel Glück hatte ich nicht gerechnet. »Da hascht ä Bier, Proscht, Roosaamundeee ...«

Drei Stunden, acht Bier und vier Cuba Libre später schlug die Kiste auf der Insel auf, und ich wurde zum Captain geführt. Bei einer der letzten Bestellungen musste meine Hand wohl irgendwie unter den Rock der Stewardess gerutscht sein. Ich entschuldigte mich artig, flüchtete torkelnd vor ihrem schwulen Kollegen zum Ausgang und fiel kopfüber die Gangway hinunter.

Busfahrerstreik auf Mallorca, auch das noch! Tausende von schwitzenden Touristen bevölkerten den Airport, und am AVIS-Stand prügelten sich Hunderte von Menschen um den letzten Seat. Wie sollte ich nur ins Hotel kommen? »Mir gehet zu Fuß!«, hörte ich meinen Flugnachbarn sagen und drehte mich zu ihm um. »Wie weit ist das denn?« »Nur acht Kilometerle, da reicht grad des 20-Liter-Fässle, was mir mitbracht habe. Auf geht's, Roosaamundee ...« Da röchelte ich doch lieber voll bepackt am Strand entlang. Immerhin schaffte ich so 500 Meter, bevor ich umkippte. Aber da kam mir d e r Gedanke: Das Hotel lag doch am Wasser, Mensch! Also packte ich den Segelsack aufs Brett, schnallte den Koffer auf den Rücken und startete in die Fluten.

Der alte Fischer José hatte nur einen Koffer auf der Wasseroberfläche entdeckt. Dann sah er, dass ich noch drunterhing und zog mich in seinen wurmstichigen Kahn. »Ah – verruckte Tourith! Hotelbus fahren alle 15 Minutos zu Rio Nero, Hombre. Und was diethe Idiotensport, Brett und Thegel eingepakkt mit Koffer auf Rukken thwimmen? No,no,no ...«

Tags darauf schleppte ich mein Material um 9 Uhr früh an den Strand, an dem Tausende von Handtüchern herrenlos herumlagen. Ich räumte vier davon zur Seite und wollte aufriggen. Nur Sekunden später prügelten auch schon vier blasse Engländer auf mich ein, die mit den Frotteelappen Plätze belegt hatten. Zwei von ihnen streckte ich mit dem Gabelbaum nieder, die beiden anderen bekamen den Mast quer vor ihre Zahnlücken. Dann krallte ich mein Board und flüchtete aufs Wasser. So schnell wollte ich jetzt nicht wieder an den Strand zurück und dümpelte daher einige Stunden bei Backofentemperaturen herum. Die Sonne verbrannte langsam Hirn und Neo, meine Zunge klebte am Gaumen und ich war kurz vor dem Wegkippen, als ich an einen sehr belebten Strand gespült wurde. Fröhliche Menschen eilten herbei und retteten mich unmittelbar vor der totalen Dehydrierung mit einem kühlen Getränk – einem Eimer Sangria! Kein Wunder, ich war direkt am Ballermann gestrandet. Die freundlichen Burschen bestanden darauf, mir wieder und wieder das Leben zu retten, und flößten mir so den ganzen Eimer ein. Als ich aus dem Delirium erwachte, waren zwei Tage vergangen und ich glaubte, Schaumkronen auf dem Meer zu sehen. »Windsurfen!«, schrie ich, wollte aufstehen, sank aber mit einem eher gelallten »Roosaamundee« wieder zu Boden. »Der braucht ne Stärkung«, hörte ich nur noch wie durch Watte – und dann kam der nächste Eimer ...

»Was, ich beim Abendessen nackt durch den Speisesaal? Mit dem Brett in den Pool und vom Sprungbrett gepinkelt?« »Si! Mucho Alcohol!«, sagte der Hotelmanager am Morgen danach. »Nackt nur in Dusche, pinkeln nur in Toiletta und Windsurfen nur auf Meer, claro!?« »Klar, in der Reihenfolge.« »Sie habbe Glück, Señor, morgen deutsch Gruppe färrt nach Norden, mit

Mietauto. Nemmen Sie mit.« Das war echt positiv. Und so wartete ich am nächsten Tag mit Material und bereits im Neo vor dem Hotel, als die 14 Bonsai-Seats der schwäbischen Kegler vor mir hielten. Und schon nach 243 Strophen »Roosaamundee« stoppten wir an einer ultrahohen, senkrechten Klippe. »Was sagsch?«, fragte mein Chauffeur, »a geils Büchtle und so schön windstill.« »Aber ich will surfen ...«, keuchte ich und schickte mit hängendem Kopf hinterher, »viel Spaß, ich fahr per Anhalter zurück.«

»Na, Gummimann, Lust auf etwas Spaß?«, flötete die rattenscharfe Blondine mit den zentnerschweren Silikonmöpsen aus ihrem rosa Pick-Up. »Könnte ich jetzt gut gebrauchen«, sagte ich und hopste zu ihr in die Kiste. Nach einer vielversprechenden Fahrt landete ich In einem Luxuspuff im Hinterland, aus dem ich aber wieder rausgeschmissen wurde, weil ich die horrende Zeche für 14 Pils und Carlos III, in denen ich meinen Kummer ertränkt hatte, nicht zahlen konnte. Vor der Tür nahm mich übergangslos die Polente in Empfang. »Sie ganz kommische Perverthe!«, meinte der muskulöse Polizist angewidert. »N-nnein, ich W-Wwinsöffer!«, brachte ich gerade noch heraus. »Claro, 30 Kilometer auf Strathe hierher gethurft, lacherlich! Und bei 38 Grad in Gummianzug! No, Sie gefärrliche besoffene Perverthe, hier anständige Puff, comprende? Jetzt farren Gefängnith, andele!«

Wie sollte ich da nur wieder rauskommen? Den Hotelmanager anrufen? Schlechte Idee ...

Aus meinem Neo roch es nach drei Tagen Knast schon stark nach totem Aal, als plötzlich das vertraute »Roosaamundee ...« aus der Ausnüchterungszelle nebenan erklang. Das war meine Rettung! Die Kegelbrüder! Sie bezahlten meine Kaution in Höhe von 300 Euro und zerrten mich sofort in die Schinkenstraße, meine Freilassung feiern. Natürlich erregte ich dort im übel riechenden Gummigewand mit Brett und Rigg etwas Aufsehen, aber schon nach dem dritten Liter Sangria war mir auch das nicht weiter peinlich. Dann reihten wir uns in eine landestypische Polonaise aus deutschen Kampftrinkern ein, nahmen hie und da zur Sicherheit noch einen Drink und fuhren, soweit ich mich noch erinnern kann, mit einem Schweinelaster direkt zum Flugplatz. Mein schwäbischer Keglerfreund schleifte mich bis zu meinem Platz, und als ich wieder einigermaßen selbstständig sitzen konnte, fragte er: »Ond, Kerle, gaascht im nächschte Urlaub wieder nur Windsurfen?« »Nniggs da, ich farindieBeerg!« »Warum?« »Vom Wwinnsööfnn werd ich immer so besoffen, hähää – Roosaamundee ...«

Living in a Box

Man kann seinen sauer verdienten Schotter auf viele Arten aus dem Fenster werfen – mit heißen Schlitten, willigen Weibern oder T-Aktien. Mindestens genauso gut klappt's aber auch mit Windsurfen. Neue Boards, Segel, Anzüge und Trapeze saugen jedes Jahr gewaltig am Sparstrumpf. So richtig ins Geld geht's aber erst im Surfurlaub. Dabei ist der gröbste und zugleich idiotischste Posten das Hotel. Warum? Tagsüber ist man sowieso auf dem Wasser, die »After-Surf Entsalzungsdusche« nimmt man in einer Surfschule, und während der Happy Hour an der Strandbar knallt man sich dann abschließend dermaßen die Rübe zu, dass man abends 100-prozentig bewusstlos ins Bett fällt. Am nächsten Morgen geht dann alles wieder von vorne los. Volle 14 Tage lang. Wozu also das Hotel?

»Alles, was man im Urlaub braucht, ist doch ein mehr oder weniger komfortabler Schlafplatz, der so billig wie möglich ist.« »Ein Zelt!«, meinte mein Freund Max strahlend. »Quatsch, das ist kleinkariertes Camping. Nein, mir schwebt da etwas vor, das ich weder auf- noch abbauen muss, das einfach da ist. Ich geh nur hin, lass mich reinfallen und penne ...« Aber wie sollte so ein einfach gestrickter Typ wie Max das auf die Reihe kriegen. Dazu fehlte ihm schlicht und ergreifend die Vorstellungskraft, die Fantasiebegabung eines Visionärs meines Kalibers. »Die Auto-Dachbox«, sagte Max völlig unbeeindruckt. Einfach so. Aus dem Stand. Ohne jede Vision. Unglaublich! Aber mit meinen präzisen Vorgaben musste eigentlich jeder auf die Lösung kommen. Sogar Max. Klar, die Dachbox war der ideale Schlafplatz! Und wir Idioten haben darin jahrelang Segel, Anzüge und alles andere Gerödel rumkutschiert.

Ich hatte mich für ein größeres Modell entschieden, und nach einigen Um- und Einbauten startete ich damit in ein verlängertes Wochenende an den Gardasee.

Da staunte der junge Mensch auf dem Ventoparkplatz nicht schlecht, als ich um 6 Uhr früh quietschend meinen Dachsarg öffnete und wie Dracula selbst meiner Behausung entstieg. »Eej«, meinte er verwirrt, »das glaub ich jetzt nicht!«, und murmelte weiter, »nie wieder rühre ich Drogen an …«.

Diese Reaktion fand ich umwerfend. Aber noch viel schärfer müsste das auf einem Campingplatz sein. Also zog ich abends um.

Am nächsten Morgen herrschte helle Aufregung auf dem Beduinen-Rastplatz. Bestimmt 20 Leute standen um mein Auto rum und verhandelten mit der Polizei. Deutlich hörte ich sie draußen sagen: »Da ist was passiert mit dem Mann!«, und: »Sehen Sie doch hier. Auto zu, Dachbox zu, Wohnwagen weg und sogar die Anhängerkupplung haben sie geklaut!« »Sie müssen sofort eine Großfahndung einleiten nach irgendjemandem!« In diesem Augenblick öffnete ich meine Box und allen fiel die Kinnlade runter. »Habenna da drinna geshlaffenn-a?«, fragte der Lokalpolizist. »Klar, das ist das Allerneuste, meine Erfindung!«, sagte ich stolz und der Polizist grummelte nur: »Ah, Tedeschi, Surfer …«

Gerade als ich mein Board aus dem vollgestopften Auto zerrte, parkte auf dem Platz neben mir ein Neuankömmling ein. Auch er hatte eine Dachbox.

»Hallo, du pennst auch in der Kiste?«, fragte er. »Ja, du vielleicht auch?« »Klar! Aber ich dachte bisher, ich wäre der Einzige.« »Dachte ich auch«, antwortete ich. »Hast du nur 'ne Matratze drin?«, wollte er wissen. »Nein, schau mal, ich hab hier links ein Wasserbett, rechts ein Waschbecken, hier hinten in der Ecke die Toilette – gut, etwas kleinmachen muss man sich schon – und an der Decke ist der Fernseher. Geil, was?« »Super, schau mal bei mir, ich hab ein Loch ins Autodach gesägt und eine Wendeltreppe zur Box reingebaut.« »Geil, ne Dachbox mit Keller!« Eine tolle Idee. Dafür war seine Einrichtung echt spießig: Eine Eichen-Eckliege und eine Eichen-Anrichte mit Eichen-Tischchen. Volles Programm Gelsenkirchener Barock! »Mir gefällt das«, sagte er, »is wie zu Hause. Saugemütlich. Komm doch abends auf ein Bier vorbei. Bisschen quatschen und so.«

Bei diesem Treff stellte sich heraus, dass der Typ schon als

Student mit Dachbox verreist ist. Per Anhalter, nur mit einem Universaldachträger bewaffnet, den er dann auf das Auto, das ihn mitnahm, aufschraubte. »Die alte Box hab ich jetzt in Tarifa stehen, als Ferienwohnung. Wohnen vier Chinesen aus der Wäscherei drin, wenn ich nicht da bin. Noch eine steht in den Dünen auf Fuerte und eine in Ischgl, zum Snowboarden.« »Aber zu Hause, da wohnst du schon richtig, oder?«, wollte ich wissen. »Quatsch, ich hab neun Boxen zu einem Würfel verschraubt und mit Stelzen am Straßenrand platziert. Die Wohnung ist gekündigt. Die Boxen sind praktisch wie vier Zimmer. Zentral und verkehrsgünstig. 1-a-Lage, direkt zwischen U-Bahn und Kneipe. Im Frühling werde ich aber noch ne kleine Box anbauen.« »Wieso?« »Meine Freundin und ich erwarten Nachwuchs und der braucht doch sein eigenes Zimmer.« »Unbedingt!« »Nein, nein, das ist schon herrlich, wenn man was Eigenes hat. Gerade im Urlaub. Nur hinfliegen, aufsperren und man ist zu Hause«, sagte der Typ, als ich ihn verließ. Dann streckte er sich auf seiner geblümten Eichen-Liege aus und ließ den Deckel runter. Klappe zu, Surfer schläft.

In dieser Nacht machte ich kein Auge zu. Hatte mir dieser Kerl doch die Wahnsinnsidee mit der Dachbox geklaut. Und zwar schon, bevor ich sie hatte. Aber dafür würde ich ihm auch eine klauen: Ferienwohnungen für Surfer! Dachboxen, fest montiert an den geilsten Stränden der Welt! 5 $ pro Nacht, auf Wunsch auch stundenweise.

Mit einem Existenzgründer-Kredit stellte ich mein Unternehmen in nur vier Wochen auf die Beine. Gardasee, Holland, Spanien, Südafrika, Australien, Hawaii, überall standen meine Boxen auf alten Schrottkarren und der Rubel rollte ohne Ende. »Besser geht's nicht«, sagte ich zu Max und der antwortete wieder mal unbedarft: »Doch, mit 'nem Boxen-Hotel.« Womit er meine nächste Idee lediglich in seine einfachen Worte kleidete, der Gute. Also baute ich in einer Bucht namens »Coconut Grove« auf Maui eine Art japanisches Bienenwaben-Hotel aus Dachboxen. 100 Boxen breit und 100 Boxen hoch auf einem gigantischen Rack. Jede Box in landestypischer Einrichtung mit

Schlafplatz, Hula-TV, Minibar und Toilette. Fünf Jahre später war daraus die weltbekannte Surfer-Kult-Hotelkette »Living in a BOX!« geworden. Trotz des Erfolges sind wir nicht faul geworden. Demnächst eröffnen wir unsere erste Absteige für Kiter, das »Hang around!«. Max hatte die Idee, quer über einen Strand ein Seil zu spannen, an dem wir die Jungs für 10 $ pro Nacht an ihren Trapezhaken aufhängen. Blick zum Meer kostet natürlich extra!

Zwei Finger
für ein Halleluja

Wenn die Tage kürzer werden und die heiß geliebte Füllung des Hausreviers auf Schrumpftemperatur absinkt, ist es an der Zeit, sich langsam auf die windsurflosen Wintermonate vorzubereiten und nach einem Ausgleichssport Ausschau zu halten. Was also tun? Zuchthaustennis? Indoor-Kiten? ....

Als ich eines Tages zufällig am Schaufenster eines Spielwarenladens vorbeischlenderte, fiel mein Blick auf ein circa 8 cm langes Miniaturskateboard. »Das ist ein Fingerskateboard«, sagte der Verkäufer. »Ach was – und was macht man damit?« Ein frühpubertärer Lümmel schob mich weg. »Tricks macht man, Alter!« Dann setzte er Zeige- und Mittelfinger auf den Zwergskater und legte mitten auf dem Verkaufstisch los wie ein Irrer. Jumps, Kreisel, Kurven, Wahnsinn ... hin und her wie im richtigen Leben.

»Ein sehr nettes Spielzeug«, meinte der Verkäufer, »gerade für Schlechtwetter.« In diesem Moment knallte es in meiner Rübe. Das war sie, die Ersatzdroge für den Winter: Fingersurfen! Das Mittel gegen den winterlichen Windsurf-Turkey. Fingersurfen, Halleluja!

Zehn Minuten später stand ich in meiner Kellerwerkstatt. Mit Maske und Elektrohobel bewaffnet, shapte ich aus dem 2 Meter 80 Clark Foam-Blank den ersten, 18 x 5 cm großen Fingersurf-Schaumrohling. Jetzt nur noch laminieren und ins Finish-Harz dippen, den putzigen Finnenkasten rein, fertig.

Am nächsten Abend schlich ich ins Bad, sperrte ab und ließ das Waschbecken volllaufen. Um die Szene noch ein wenig realistischer zu gestalten, schloss ich den Föhn an und ließ ihn Sideshore lauwarm von der Klospülung aus über den Beckenrand pfeifen. Dann setzten Zeige- und Mittelfinger auf und los ging's. Nach zehn Minuten tauschte ich diesen mickrigen Binnentümpel gegen die Badewanne. Ja, da ließ sich was anfangen. Speeden, schöne gecarvte Halsen, Slamjibes und sogar kleine Wellenritte bis ins Weißwasser des Badeschaums hinein. Das war ein Revier. Von nun an surfte ich hier täglich.

»Sei mal ehrlich«, fragte meine Frau nach einer Woche, »fehlt dir was? Bist du krank?« »Ich? Nö, wieso?«, sagte ich. »Na ja, also direkt normal ist das ja nicht, wenn man frühmorgens, mittags und nachts jeweils zwei Stunden lang in der Badewanne sitzt und jubelt! Willst du darüber reden?« Natürlich wollte ich nicht. Ich stand auf, packte mein Board in das selbst genähte Boardbag, fuhr zu meinem Surfkumpel Harry und beichtete ihm alles. »Irre«, schrie er, »darf ich mal probieren?« »Klar!«, und fünf Minuten später saßen wir zusammen in Harrys Badewanne und fingersurften abwechselnd, was das Zeug hielt. »Weißt du was?«, meinte er, »wir könnten uns alternierend bei dir oder bei mir treffen, wenn deine Frau abends in der Gymnastik ist oder meine beim Kegeln!« »Okay.«

Und so kam es, dass wir bald mit 20 neu geshapten Boards mal bei Harry, mal bei mir in der Wanne saßen und die Kuh gewaltig fliegen ließen. Harry zelebrierte unglaubliche Sprünge, radikale Cut-Backs direkt unter der Mischbatterie und tierische Grinds auf dem Wannenrand. Meine Spezialität waren engste Halsen um Badeschwammbojen und Willy Skippers. Dabei stampfte der Mittelfinger aufs Heck, flippte dann nach oben, das Board drehte und landete perfekt auf der Nase. Natürlich trugen wir Semidry-Overalls, und die Finger steckten in maßgefertigten Finger-Neos. Mit der Zeit passten wir auch unser Material an die jeweilige Revierform an. Harry besaß z. B. eine schmale »Villeroy & Boch«-Wanne, die Boards für kürzere Radien verlangte. Meine eher rundliche »Ideal Standard« dagegen war ideal für Freestyle und Carving.

Vielleicht dreißig Wannenfüllungen später fragte Harry: »Was hältst du von einem Fingersurf-Event?« »So was wie ›King of the Badewanne‹? Nicht übel. Aber wir sind doch die einzigen Fingersurfer ...«, gab ich zu bedenken. »Dann machen wir halt 'nen Info-Abend für die anderen vom See.« »Okay!«

Der Abend war ein voller Erfolg und wir hatten mehr als genug Teilnehmer. »Also«, sagte ich, »ein Freestyle-Event mit

64 Startern. Für die ersten beiden Runden mieten wir das städtische Sitzbad. Dort gibt's einen Raum mit sechs Super-Freestylewannen. Und ab dem Achtelfinale ziehen wir den Event bei mir im Bad durch – meine Frau fährt nämlich eine Woche allein weg und kommt erst am Montag wieder. Also, am Wochenende ist ›Wannenking‹!«

Die Vorrunde lief traumhaft und samstags, Punkt 10 Uhr, stiegen die ersten Final-Heats in meiner Wanne. Es war unglaublich. 16 Surfer in Neopren drängten sich im Badezimmer. Überall lagen Bretter und Boardbags herum. Einige surften sich in Waschbecken und Kloschüssel warm, andere machten Fingerübungen, der Rest hockte, stand oder lag an der Wanne und begrölte jeden Move der Kontrahenten. Rockmusik hämmerte, und das Bier floss in Strömen. Wir waren echt voll drauf und wollten gerade das zweite Viertelfinale anschießen, als die Badezimmertür aufflog und meine Frau hereinkam. »Was tust du denn hier?«, stammelte ich, und sie antwortete mit einem Gesichtsausdruck, den ich so noch nirgends gesehen hatte. »Ich konnte dich in den letzten Tagen nie erreichen und habe mir Sorgen gemacht. Wie man sieht zu Recht! Deshalb bin ich früher nach Hause gekommen ...« »Ich kann das erklären, Schatz ...«, sagte ich. »Nicht nötig ...«, sagte sie im Gehen, »ich muss mal schnell telefonieren.« Und weg war sie.

Wenige Minuten später drangen etwa 40 weiß gekleidete Bodybuilder mit weißen Turnschuhen in unser Bad ein und zerrten die ganze Surftruppe nach unten in ihre Transporter.

Seit ungefähr drei Wochen sitzen wir nun in dieser Nervenklinik. Die Ärzte sagen, wir wären da geistig wohl irgendwie aus der Halse geflogen. Aber alles halb so schlimm – die haben hier nämlich voll geile Badewannen ...

Es geht auch ohne

»Ding-Dong!« bimmelte die Türglocke, und draußen stand der UPS-Braunmann mit meinen Kites. Endlich! »Im Gegensatz zum Windsurfen kommt man beim Kitesurfen schon mit drei Kites aus. Also keine drei Wavesegel, zwei Slalom- und zwei Racelappen für 3000 Euro«, sagte ich zu meiner Frau. »Sondern?« »3500.« Warum wollen sie nur immer alles so genau wissen? Und außerdem muss man das in Quadratmeter umrechnen.

Gierig packte ich die Kites aus und stieß auf drei kurz gefasste Gebrauchsanleitungen, 45 Seiten lang und in einer eigentümlichen, mir nicht gerade geläufigen Sprache verfasst. »Teilekite« stand da. »Kite, Lenkenbar, Schnuren, Pumpen und Kitesacken.« Und das war erst der Anfang. Der Aufbau war noch viel besser: »Nehmen die Lenkenbar Sie in ihr beide Hand. Linksrechts: Schnuren Sie knoten an Knoten mit ohne Knoten. Aber Schlingen! Schnuren so Schlingen knoten, geführen Schnuren zu Kite. Linksrechts.« Alles klar? Das war genauso wie bei meinem Videorekorder. Da wurde das japanische Original der Gebrauchsanleitung zunächst von einem pakistanischen Landschaftsgärtner ins Hebräische übersetzt und dann von einem mittelmäßig begabten isländischen Metzger in eine Art phonetisches Altmittelhochdeutsch. Natürlich stopfte ich die Schmierheftchen sofort in den Müll. Schließlich bin ich Autodikrat oder wie das heißt.

Das freie Baugrundstück neben unserem Reihenhaus schien mir für den ersten Aufbau wie geschaffen. Zuerst pustete ich die Luftschläuche im Kite auf, was durch den aufkommenden Wind ein wenig schmerzhaft wurde. Der Kite schlug hin und her wie ein irrer Scheibenwischer und fetzte mir dauernd das Ventil aus dem Mund. Als ich es dann mit den Zähnen festhielt, rupfte mir eine Bö die neue Krone am linken oberen Schneidezahn raus. Ich steckte sie ein und warf mich mit Gebrüll auf den Kite. »Ich werde dich jetzt aufblasen, bis du platzt«, schrie ich. Da hörte ich hinter mir meine Frau sagen: »Brauchst du nicht diese Pumpe? Sie war noch im Sack.« »Quatsch, so geht's viel leichter.« »Seh ich.«

Eine Stunde später lag ich schweißgebadet auf meinem Sportgerät und angelte mit dem Fuß nach der Bar, die zwei Meter weg lag. »Jetzt nur nicht vom Kite steigen«, sagte ich mir. Die beiden Leinen waren ja schon an der Lenkstange befestigt, und ich musste nur noch die freien Enden an den Kite knüpfen. Fertig. Na also, geht doch. Ich griff die Bar und stand stolz auf. Blitzartig füllte sich der Kite und schoss hoch. Er riss mir die Arme senkrecht in die Luft und hing, an den mit einem Meter lächerlich kurzen Leinen, über mir wie ein Lämmergeier.

»Komisch, in den Magazinen sehen die Leinen irgendwie länger aus«, grübelte ich, und wie aufs Stichwort rief meine Frau aus dem Küchenfenster: »Hier sind noch diese langen Leinen, brauchst du sie?« »Nein, nein, ich wollte nur mal soo ...« »Ahja.«

Mühsam ging ich etwas Höhe bis zum luvseitig ersten Gartenzaun unserer Reihenhausanlage, wo ich ein wenig verschnaufte. Da tauchte Frau Suhrbier an ihrem Gartenzaun auf. »Hallo«, grüßte sie freundlich und ich winkte zurück. »Hallo, Frau Suuhhr...«, nie hätte ich die linke Hand von der Stange lassen sollen, denn jetzt zischte der Kite nach rechts, machte eine irre Power, und im nächsten Augenblick walzte ich auf dem Bauch zuerst den Gartenzaun und dann Frau Suhrbier nieder. In einem Höllentempo ging's weiter durch den nächsten Garten. »Tach, Herr Zöpp, ich probier nur mal eben ...«, rief ich ihm zu, während sich sein Dackel in meinem Hosenbein verbiss. Nach einem schmerzhaften Abstecher durchs Rosenbeet der Schulzes durchpflügte ich den eigenen Garten. »Hallo, Liebling«, rief ich verzweifelt und sie antwortete, »aber hallo, das geht doch schon ganz gut!« Nur noch drei Gärten, dann kam die Straße! Bei Oma Müller räumte ich noch kurz den Obstkuchen vom Tisch, rauschte durch den Kindergeburtstag bei Zahns, bis ich schließlich, dem Himmel sei Dank, in einer Astgabel von Familie Schnippenkötters Apfelbaum hängen blieb. Herr Schnippenkötter fackelte nicht lange. Er streckte

den Kite mit einem trockenen Spatenschlag nieder, und ich glitt waidwund zu Boden. Eine Schneise der Verwüstung lag hinter mir. Wie nach einem Vorstadt-Tornado.

»Halt, Polizei!«, tönte eine forsche Männerstimme. »Was suchen Sie da um 3 Uhr nachts in den Mülltonnen?!« »Herr Wachtmeister«, sagte ich, »Sie werden's nicht glauben, eine Gebrauchsanleitung für meinen Kite! Vielleicht sind ja wenigstens die Bilder auf Deutsch.« Der Ordnungshüter zeigte Verständnis – besaß er doch ein koreanisches Uhrenradio mit ähnlicher Gebrauchsanweisung. Gegen halb fünf entdeckten wir die versaute Abbildung: »Start von 1 Mann«, alles andere war den Resten einer Spaghettisoße zum Opfer gefallen.

Am nächsten Tag besorgte ich mir drei Sandsäcke, um den Kite zum Solostart zu beschweren, und knallte das Ding mit langen Leinen bei 2 Beaufort locker in die Höhe. Toll. Wie viel blödes Gerödel schleppt man doch beim Windsurfen rum. Beim Kiten genügen schon ein paar gewöhnliche Haushaltssandsäcke. Und im Winter streut man damit.

Mit senkrecht nach oben gestreckten Armen stand ich nun da und lenkte nach links und rechts. Prima, das machte echt Spaß. Eine Zeit lang zumindest, denn nach 30 Minuten lief mir das Blut aus den Armen und ein störendes Taubheitsgefühl stellte sich ein. »Wenn ich nur die Seite mit der Landung gefunden hätte! Einfach loslassen? Niemals! Jemanden herwinken? Nein, nie wieder die Vorgarten-Tour.« Und jetzt musste ich auch noch höllisch dringend aufs Klo! Im Nu standen dicke Schweißperlen auf meiner Stirn, und ich presste die Arschbacken zusammen wie verrückt. Dem Kite war das scheißegal. Er stand ruhig direkt über mir. Aber ich ließ mich nicht unterkriegen – wir hatten doch das Chemie-Klo aus dem Wohnmobil! Meine Frau schleppte es an und ich brachte die Sache hinter mich. Außerdem hatte sie noch mein Trapez mit, wodurch die Geschichte wieder so angenehm wurde, dass ich beschloss, die Nacht draußen zu verbringen. Und da der Wind auch danach nicht abflaute, blieb ich gleich das ganze Wochenende auf der Wiese. Meine Frau brachte mir Essen und Getränke, Schaulustige standen herum und sogar das Fernsehen war da. Und dann, nach vier Tagen, 17 Stunden und 16 Minuten war es so weit. Der Wind schaltete ab und der Kite flatterte unschuldig ins Gras. Sofort stürzte die TV-Reporterin auf mich zu und verkündete, dass ich frisch gebackener Guinnessbuch-Weltmeister im Trockenkiten wäre, und wollte wissen, wie man denn so was schafft. »Ach das ist leicht«, sagte ich, »man wirft einfach die Gebrauchsanleitung weg ...«

Geteiltes Leid
ist doppeltes Leid

Bisher konnte ich richtig stolz darauf sein, dass es mir jahrelang gelungen war, meine Frau von meinem Lieblingssport fernzuhalten.

Und diesen Zustand ließ ich mir allerhand kosten – drei Tage Gardasee für mich bedeuteten drei Tage Wellnesshotel für sie. Eine Woche Fuerte wurde durch eine Woche Club Med aufgewogen, und jedes neue Board zog unweigerlich neues Schuhwerk samt farblich korrespondierender textiler Ausstattung nach sich. Sicher, das war teuer, aber sie war ruhiggestellt. Bisher.

Umso schlimmer traf mich eines unschönen Tages die folgende kurze Wortmeldung aus ihren gespitzten Lippen: »Schatz, ich lerne Windsurfen.«

»Was?!?«, mir blieb die Luft weg, »diesen affigen 1980er-Jahre-Trend für spätpubertierende Möchtegern-Beachboys?«, wie sie das Windsurfen immer tituliert hatte, und sie antwortete: »Ja.« »Aber warum?«, hakte ich verzweifelt nach, »du hast doch alles! Haus, Auto, Urlaub, Klamotten ...« »Schon«, meinte sie, »aber da könnten wir auch wieder etwas zusammen tun. Man sagt doch: Geteilte Freude ist doppelte Freude.« Ich hielt eher das Gegenteil für zutreffend und sah mein herrliches, freies Surferleben dahinschwinden.

Aber gut, dachte ich, mach du erst mal deinen Surfkurs, da wird's dir schon vergehen und alles bleibt beim Alten. Doch noch während ich in diesem Gedanken badete, landete sie schon den nächsten, den ultimativen Genickschlag: »Und du wirst mir's beibringen!«

»Nein!«, schrie ich, »das geht nicht!« »Wieso nicht? Du surfst schon ewig, bist intelligent und kostest nichts!« »Schon, aber weißt du noch, als Ferdi seiner Eva das Skifahren beibringen sollte? Die haben sich scheiden lassen! Und Heinz und Marie haben beide nach nur zehn Minuten Tennisschlägerei ein Jahr

lang im Krankenhaus gelegen!«, gab ich zu bedenken. Aber es war nichts zu machen. So was konnte sie nicht abschrecken. Ich musste mir also was anderes einfallen lassen.

»Ganz schön frisch, das Wasser!«, sagte ich, als wir am Hausrevier ein älteres Longboard ins Wasser zerrten. »Gut, dass du mir noch diesen Gummianzug besorgt hast. Los jetzt!« »Gut. Zuerst gehst du mal ohne Segel aufs Brett!« »Was? Ohne Segel?« »Ja, du musst stehen lernen.« »Stehen kann ich schon, ich will surfen lernen!« »Versuch, die Balance zu halten. Knie rauf, Hintern hoch ...« »Nicht in diesem Ton!«, fuhr sie mich an. »Alles klar, Schatz. Also bitte den – den Dings rauf und aufstehen.« »Siehst du, geht doch«, sagte sie, kletterte aufs Brett und stand. Jedenfalls kurz. Dann klatschte sie neben dem Brett ins Wasser. Diese Gelegenheit nützte ich zu einem weiteren Boykottversuch: »Mein Gott, Schatz, deine Frisur ist völlig im Eimer!«, sagte ich mit gespieltem Entsetzen, worauf sie nur lakonisch meinte: »Egal, ich bin sowieso morgen beim Friseur. Außerdem bin ich über so ein Ding da gestolpert. Sind das die Griffe zum Wegwerfen?« »Nein, die Fußschlaufen.« »Ahja, weiter jetzt!«

Wenn schon das kalte Wasser nichts nützte, dann würde ihr das Segelaufholen sicher den Rest geben, hatte ich mir ausgemalt und sicherheitshalber ein massives 7,5er-Camber-Segel aufgebaut.

»Zieh an der Startschot!« »Woran?« »An der Startschot!« »Was ist das?« »Dieses Seil da vor dir, Schatz!« »Sag das doch gleich!« Und dann zog und zerrte sie daran, bekam den Lappen aber keinen Millimeter hoch. »Hängt da ein Anker dran?« »Siehst du, Schatz, das ist nix für dich ...«, sagte ich gerade, als eine kleine Bö das Rigg liftete und ihr das Ding praktisch direkt in die Hände legte. Regungslos stand sie zwei Sekunden da, fing an zu jubeln und kippte dann samt Rigg rückwärts vom Brett.

Zehn Minuten später ging es mir wieder besser und die Beule, die mir der Mast verpasst hatte, war auch nicht größer als ein Hühnerei geworden.

»Also, wenn du den Mast hast, greift die linke Hand über auf den Holm, zieht das Segel ran und dann greift die rechte nach hinten. Gleichzeitig geht der rechte Fuß zurück und der linke hinter den Mast.« »Bin ich ein Tausendfüßler?« »Aber so geht das, Schatz. Ja, wenn es zu schwierig ist ...« »Nein, nein, ich versuch's.« Sie stieg aufs Brett, und ich ging diesmal nach Lee. Tatsächlich bekam sie das Rigg raus und kaum, dass sie den Mast in den Händen hatte, schleuderte ein neuerlicher Windstoß den Gabelbaum mit Vollgas hin und her, was zwangsläufig zu einem weiteren Unglück führte.

Die zweite Beule passte zwar ausgezeichnet zur ersten, machte aber das Tragen einer normal großen Mütze für die nächsten Wochen völlig unmöglich. Angeschlagen, aber noch nicht k.o., griff ich zu Plan B: Sinnloses Demonstrieren. Ich schnappte das Brett, ließ mich ein Stück hinaustreiben, kommentierte extra leise, was ich tat, und surfte dann auf den See hinaus, um Schatzi 30 Minuten alleine stehen zu lassen. »Na, kapiert?«, fragte ich scheinheilig, als ich wieder da war. »Ich glaube schon.« »Was?« »Na, ich hab inzwischen bei den anderen zugeschaut.« So eine hinterlistige Schlange. Der würde ich's zeigen.

Plan C beschäftigte sich mit dem Auspowern: Segelaufholen, Rigg in Startposition, wieder zurück und alles auf Anfang. 30 Wiederholungen! Doch auch hier hatte ich ihre angeborene Sturheit unterschätzt. Statt völlig entkräftet aufzugeben, wurde sie immer sicherer und maulte schließlich ungeduldig rum: »Wie lange soll ich denn diesen Blödsinn noch machen? Ich will jetzt endlich loszischen!« Ha, ich witterte meine große Chance. Sie war reif für Plan D, die endgültige Das-will-ich-nie-wieder-machen-Nummer. »Gut, wenn du meinst, Schatz. Sag aber nicht, ich hätte dich nicht gewarnt. Es kann gefährlich werden!« Ich ließ sie aufentern, das Rigg hochziehen und starten. Alles lief glatt, so weit hatte ich sie schon hingetrimmt. Jetzt nur noch ein laues Lüftchen für die ersten hundert Meter, dann draußen etwas mehr Wind, und sie würde so super in die schleimige Seerosen-Ecke des Sees abgetrieben werden, dass sie garantiert aufgeben würde. Erstaunlicherweise hing sie bis zur nächsten Uferbiegung am Gabelbaum. Dann war sie weg.

Beruhigt ging ich erst mal zum Kiosk, wo ich meinen Surfkumpel Harry traf und ihm bei einem Bier die ganze Story erzählte. Nach dem dritten Bier rollte ein nachtschwarzer Ami-Van an. Die hintere Tür ging auf, mein Schatz stieg aus und zwei junge Burschen luden Ihr Brett vom Dach. Dann kam sie auf mich zu. Ich freute mich schon auf ihr »So ein Scheißsport!« Und: »Nie wieder!« Und: »Wo warst du eigentlich?!?« Aber es kam noch schlimmer! »Das war vielleicht geil!«, fing sie an. »Ich bin über den See geschossen! Wahnsinn! Vollgas! Irre! Das ist mein Sport, nichts anderes!« Sie umarmte mich und schrie: »Danke, Schatz, danke! Ich bin hin und weg!«

Damit war alles vorbei. Adieu ihr schönen Herrenausflüge, adieu Waveboard und hallo Baggersee, hallo Stehsegel-Zweisamkeit. Und dann kam auch noch Harry mit seiner Digitalkamera. »Hier, ich hab dich beim Rausfahren fotografiert!« Nein! Dieser Unglücksmensch würde sie damit nur noch bestätigen, dachte ich. Doch als mein Schatz dieses Bild gesehen hatte, erstarrten ihre Gesichtszüge zu Eis und sie zischte mir ins Ohr: »Nie wieder betrete ich ein Surfbrett!« »Wie bitte? Du warst doch eben noch so begeistert?« »Ja, siehst du das nicht? Dieser Anzug! Was der aus meiner Figur macht. Fürchterlich, unvorteilhaft, grässlich, wie ein vollgestopfter Fahrradschlauch! Nie im Leben will ich so aussehen! Macht euren unästhetischen Sport alleine!« Sprach's und erwähnte das böse W-Wort nie wieder.

Ich liebe Sie, Mr. O'Neill ...

SO LEICHT GEHT DAS

Es war ein wunderschöner Tag, und ich blickte hinaus auf meinen See. Ein Kitesurfer flatterte durch die Luft. Schwache 4 Beaufort wehten übers Wasser. Heeyy, wirklich ein mächtiger Sprung! Sekunden später klatschte der Kiter in etwa 8 Metern Höhe direkt neben der Sonnenuhr an die Hauswand des »Albergo al Lago« und hinterließ einen entsetzlichen Fleck. »Na ja«, dachte ich mir, »das Material ist eben noch nicht so ausgereift wie beim richtigen Windsurfen. Bei uns geht jetzt ja alles so leicht, das ist einfach unglaublich.«

So stand es jedenfalls in sämtlichen Katalogen, Anzeigen, Trimm- und Aufbauanleitungen der Hersteller. Deshalb hatte ich mir auch das komplette Gerödel neu zugelegt.

Das achtseitige Manual beschrieb auf simpelste Weise, wie man die Schot in den Block der Verlängerung einfädeln sollte. »Einfach von unten her den Tampen oberhalb der ersten Rolle durchziehen, dann eine Schlaufe über den Haken legen, von unten hinten links zurück durch Rolle Zwei kreuzen, dann rechts abbiegen, noch mal nach oben, dann über Rolle Drei rechts unter der Schlaufe zurück zum Haken und dann ...«, dann hatte ich keinen Tampen mehr übrig. Dafür war meine linke Hand bombenfest an die Verlängerung gefesselt. Zwei Stunden und 42 Versuche später saß ich, den Tränen nahe, zitternd am Ufer. Da kam ein 14-jähriger Stinker vorbei und fädelte das Ding in zwei Sekunden ein. »Ach, so einfach ist das ...«, sagte ich. »Logisch, hast du etwa nicht das 136-seitige Trimm-Special in der ›surf‹ gelesen? Da waren 52 Seiten übers Einfädeln drin.«

»Damit sollte ja das Gröbste geschafft sein«, dachte ich. Wenn auch in der Anleitung stand: »Die neue Segelgeneration verlangt wieder mehr Schothorntrimm.« Na gut. Also rein mit dem Carbonstecken, Vorliek angezogen und dann ab nach hinten. Aber da bewegte sich gar nichts. Ich stemmte den Fuß dagegen – nichts. Beide Füße – nichts. Aber nicht mit mir, Kameraden! Flugs holte ich den Wagenheber aus dem Jeep, setzte ihn am Schothorn an, befestigte den Tampen am anderen Ende und begann zu kurbeln. Langsam kam Profil in die Geschichte. Nur noch zwei, drei Zentimeter – noch einer – plötzlich begann das Rigg zu vibrieren, die Gabel brummte, und dann knickten die Holme wie Grashalme nach außen weg. Klar, ich hatte versehentlich die alte Gabel genommen, die neue nahm die zehnfache Kraft auf. Okay, diesmal aber klemmte ich mein Rigg so zwischen zwei Bäume, dass Verlängerung und Topp an den Stämmen festhingen. Die Trimmschot knotete ich jetzt an die Seilwinde meines Geländewagens. Gaaanz langsam spannte sich das Drahtseil, und das Schothorn näherte sich dem Gabelbaumende. »Ha, Kommissar Trimmel löst jeden Fall«, dachte ich gerade, als sich die Bolzen der Windenbefestigung mit einem kernigen Peitschen verabschiedeten. Wie das Geschoss aus einer gespannten Schleuder zischte die schwere Seilwinde – das Rigg im Schlepptau – an meinem Ohr vorbei, passierte mit lautem Pfeifen die Bäume, durchschlug mit einem dumpfen Knall das Großsegel eines herrlichen Holz-Schärenkreuzers und jagte weiter Richtung Ponale.

Der Kitesurfer war in bemitleidenswerter Verfassung. Trotzdem: Hut ab! Wie er, nachdem er im Flug abgeschossen worden war, mit meinem Rigg und der 35 Kilo schweren Seilwinde schwimmend das Ufer erreichte, war einfach fabelhaft.

Beim nächsten Versuch fixierte ich das Rigg direkt am Ufer hinter zwei Pfosten, pirschte mich an das Schlauchboot der Surfschule heran und band die verlängerte Trimmschot heimlich und unter Wasser an dem 40 PS Evinrude fest. Dann rief ich: »Da draußen, Mensch, ein Schüler von euch!«, und schon düste die Rettungscrew pflichtbewusst mit dem Boot davon. Mit einer geschmeidigen Bewegung wurde das Segel durchgesetzt. Gerade wollte ich die Schot mit einem Tritt belegen, da riss es draußen den Außenborder vom Boot und er versank sprotzend in den Fluten. Blitzartig schnitt ich die Schot durch und sann auf andere Möglichkeiten.

Da fiel mein Blick auf ein Schild am Strand: »Call a Trimm!«

stand darauf, und darunter die Telefonnummer eines findigen Holländers, der einen Trimmshuttle betrieb. »Anruf genügt, wir kommen an jede Ecke des Sees und trimmen Ihr Rigg«, stand da. Also rief ich an und fünf Minuten später stoppte ein schweres Motorrad mit zwei muskelbepackten Kerlen direkt vor meinem Rigg. Mit zwei Spezialflaschenzügen spannten die Gebrüder Trimm Vor- und Achterliek, kassierten 50 Euro und verschwanden wieder.

Endlich konnte ich nach diesem ganzen Trimmgelage surfen gehen. Als ich mich endlich in den Neo gepresst hatte, musste ich leider feststellen, dass es schon zu dämmern begann und der Wind abgeschaltet worden war. Mit dieser beschissenen Trimmerei hatte ich den ganzen Nachmittag verbummelt. »Komisch«, dachte ich, »alles geht soo viel leichter, dauert aber wesentlich länger. Irgendwas stimmt da nicht. Egal, dann rigge ich eben ab und fange morgen früher an«.

Aber das war nun auch wieder nicht so leicht. Denn das Gabelende hatte eine Klemme, die zu den 2000 Newton, die schon auf dem Schothorn lasteten, erst noch etwas zusätzlichen Zug verlangte, ehe sie den Tampen freigab. Und was ich auch versuchte, ich kriegte ihn nicht vom Fleck. Deshalb telefonierte ich noch mal mit »Call a Trimm« und wurde mit dem Ent-Trimm-Service verbunden. Kurz nach dem Telefonat traf der Mechaniker bei mir ein. Und noch bevor er einen Finger krumm gemacht hatte, sagte er frech: »Das wären dann 30 für die Anfahrt, 50 fürs Lösen, 30 für die Abfahrt – das sind 110, plus 80 Feierabendaufschlag, also 190 Euro! Oder Sie werden Mitglied im VDRT, ›Vergiss Den Rigg-Trimm‹. Jahresgebühr 400 mit zehn Freitrimms!« Jetzt wurde ich richtig sauer. »Weißt du was«, brüllte ich, »du kannst gleich Mitglied beim ›Jetzt-Gibts-Was-Auf-Die-Glocke‹ werden, mit zwanzig dicken Freilippen!« Ich schwang die Fäuste, und der Feigling gab Gummi.

Abends in meiner Stammkneipe ertränkte ich das überspannte Segeldesign in achtstöckigen Avernas und sabbelte »Scheiß-Trimmerei« und ähnliche Ausdrücke vor mich hin. Da sprach mich ein blond gelockter Außendienstmitarbeiter des holländischen Trimmshuttle-Betreibers an: »Na, noch Probleime mit die Trimm? Kein Kraft? Kein Technik? Da hab ich wat für dich!«, und knallte mir einen Reiseprospekt unter die Nase. »Trimmen lernen im Urlaub: Eine Woche Trimm-City auf Trimmidad und Tobago für nur 1500 Euro.« Natürlich buchte ich sofort den Herbsttermin. »Un wenn nächs'es Jahr wieder weniger Pauer is?«, fragte ich. »Dann machen wir eine Kurs mit Leichttrimmen. Sou einfach ist das!«

STATISTIK MIT TRICK

Schon der Volksmund sagt: »Mit Statistiken lässt sich alles beweisen«. Und so daneben liegt er damit nicht, der Volksmund. Denn der Deutsche an sich ist ja immer dankbar, wenn er solide Information geliefert bekommt. Und was ist schon solider als eine Statistik? Wenn alles schön in Reih und Glied nebeneinander steht, mit ordentlichen Spalten ..., das macht Eindruck, wirkt irgendwie wissenschaftlich oder sogar amtlich und das glauben wir dann auch, denn da steht's ja, statistisch. So ein Firlefanz wie eine Garantie für irgendwas kann uns da überhaupt nicht locken. Würde jemand zum Beispiel etwas so alltägliches wie einen Kinderwebstuhl kaufen, der – *garantiert* – funktioniert? Nie und nimmer! Da bliebe ja das Risiko, dass zwar das Gerät hinhaut, der Sprössling aber schlicht und ergreifend zu blöd dafür ist. Anders bei der Statistik. Wenn dort steht: »98 Prozent aller Kinder im Alter von zwei Jahren können damit schöne kleine Putzlappen herstellen« – nur Ihres schafft's nicht –, dann gehen Sie in den Laden, knallen das Ding hin und sagen: »Arbeiten Sie gefälligst an den restlichen zwei Prozent, damit das Gerät auch ganz funktioniert.« So kommt Ihr Nachwuchs nicht in den Verdacht, mit einer gewissen geistigen Trägheit, die ja schließlich erblichen Ursprungs sein könnte, geschlagen zu sein.

Statistiken schieben also bei Nichtzutreffen die Schuld praktischerweise auf den Gegenstand der Untersuchung. Schlimmstenfalls ist einfach die Statistik Mist. Und weil, statistisch gesehen, sowieso alles statistisch ist, tummeln sich auch im Windsurfbereich immer mehr dieser zahlenmäßigen Erfassungen von Massenerscheinungen. So fällt zum Beispiel auf jeden 80. Bundesbürger ein Surfbrett. Statistisch gesehen interessant – praktisch gesehen eher schmerzhaft, wenn es so auf den Bundesbürger fällt. Aber es gibt auch Statistiken, die einem echt weiterhelfen im Leben, im surferischen vor allem. Meine Frau und ich erwarteten Besuch. Fritz und Hella wollten zu uns kommen, um über den geplanten gemeinsamen Urlaub zu quatschen. Punkt 8 Uhr standen sie draußen und ich kippte schnell noch ein Gläschen von dem köstlichen Barolo runter, bevor ich ihn wegräumte, um zuerst die rustikale 2-Liter-Aldi-Pulle und dann die Haustür zu öffnen. Nach dem üblichen belanglosen Gerede kamen wir endlich zum Kern der Sache: Wohin wollten wir fahren?

»Tja«, meinte Fritz, »ich habe da von einem Bekannten einen Tipp gekriegt – allererste Sahne, sage ich euch. Eine winzige griechische Insel im Norden, nur mit der Fähre erreichbar, keine Neckermänner ...«

»Moment mal«, unterbrach ich, »im Norden? Da gibt's doch keinen Wind. Was sollen wir auf einer Insel ohne Wind?« »Das isses ja gerade! Der Horst war zwei Wochen dort und hatte jeden Tag 6 Beaufort und zwei Meter Welle!« »Nicht übel, war aber sicher pures Glück. Da bin ich doch mehr für Fuerteventura Süd. Dort gibt's sicher Wind.« »Woher weißt du das, du warst doch noch nie dort?« Da konnte ich ihm jetzt schlecht widersprechen, aber ich musste es auch nicht, denn es sah aus, als ob meine Frau mir helfen würde. »Ja, glaubt ihr denn allen Ernstes, dass wir uns am Strand sandstrahlen lassen wollen? Außerdem gibt's ja im Leben noch was anderes als Windsurfen.« »Ach, – was denn?«, fragten Fritz und ich, worauf Hella sagte: »Shopping zum Beispiel, bis die Eurocard glüht, oder Beautyfarmen, Cocktailbars, Discos ...« »Ich seh schon, so kommen wir nicht weiter«, sagte ich, »jeder will was anderes. Was wir brauchen, sind genaue Unterlagen.« »Sicher«, sagte Fritz, »am besten sind Statistiken über jeden Ort, die brauchen wir dann nur zu vergleichen und schon haben wir den optimalen Urlaubsspot, von dem jeder was hat.« Also trennten wir uns, um in den nächsten Tagen auszuschwärmen und bei Touristenverbänden, Botschaften, Surfstationen und Regierungen diverser Bananenrepubliken aussagekräftiges Material lockerzumachen. Dann trafen wir uns wieder.

»Hier hab ich was, das haut euch vom Schlitten«, sagte Fritz stolz, »Ras Sudr!«, und ein siegessicheres Funkeln sprühte aus seinen Augen. »Bricht man sich ja die Zunge!«, meinte meine Frau, »wo ist das?« »In Ägypten!« »Was?«, schrie Hella, »in der Wüste? Bist du irre?« »Aber dort gibt's Sideshore Wind von rechts, wie in Hookipa!« Hella griff sich die Broschüre »... und in nur 2,5 Autostunden kommt man mit einem durchgeknallten Kameltreiber als Taxifahrer sogar zum Berg Moses – genau da wollte ich schon immer hin. Da werden sie bestimmt jede Menge Parfümerien und Boutiquen haben. Und die exklusive Flaniermeile abends rund um das Fellachenlager kann ich mir auch lebhaft vorstellen!« Meine Angetraute fügte hinzu: »Und infektionsstatistisch gesehen ist Ägypten unter aller Sau. Hier, dritter Platz in der Durchfall- und Malariastatistik. Keine zehn Dromedare bringen mich dort hin!« »Aber Wind mit 4 Beaufort und mehr haben sie statistisch zu 46 bis 70 Prozent.« Das wollte ich genau wissen. »Heißt das, dass, wenn es Wind mit 4 gibt, nur 46 bis 70 Prozent davon wehen? Lass mich mal rechnen – bei 70 Prozent wären das bestenfalls 2,8 Beaufort – das ist echt zu wenig!«

Dann kamen die Damen. »Was man unbedingt in die Überlegung einbeziehen muss, das sind hier diese Statistiken über Regentage, Sonnenstunden und Wassertemperaturen«, meinte die meine und Hella fuhr fort, »ja, und die Statistiken über die Dichte der Damenoberbekleidungs-Geschäfte, Juweliere und Jetset Bars.« Dazu hatte ich auch einen Beitrag. »Nicht zu vergessen diese regionale Bierpreisstatistik, die Statistik der Haiattacken und der Boardverleihpreise!« Fritz sprang auf und applaudierte: »Bravo, bravo!«

Also begannen wir noch mal von vorn. Aber wenn wir mal etwas fanden, wo die Wassertemperatur die Damen Ende April schon zum Bade lud und auch die Kriminalitätsstatistik unbedenklich erschien, dann war dort zumindest die Windstatistik miserabel, die fürs Bier unerträglich und die HIV-Durchseuchung des Hotelpersonals besorgniserregend. Wo andersherum die Säulen der Windstatistik oben über die Seitenränder knallten, gab's im Umkreis von 3000 Kilometern nur Eiswasser mit weniger als 14 Grad und bestenfalls einen fliegenden

Händler, der Reparatursets für Surfboards verscherbelte. Andere Spots wiederum schienen zwar relativ revolutionssicher und glänzten mit niedrigsten Preisen für Goldschmuck, verfügten aber über keinerlei surfbare Gewässer; wie das halt so ist bei Kleinstaaten im Himalaya. Je tiefer wir uns in die Abgründe der Statistiken wühlten, desto klarer kristallisierten sich zwei Lager heraus. Das eine bildeten Fritz und ich, wir vertraten die Wind-First-Fraktion, das andere bestand eigenartigerweise nur aus den beiden Frauen. »Wenn sich zwei Weiber mal so richtig zusammenrotten, dann wird's gefährlich«, sagte ich zu Fritz, und richtig, schon hatten sie sich auf eine gemeinsame, unumstößliche Marschroute geeinigt. »Surfurlaub nur an dem Ort, von dem positive Statistiken über Sonnenscheindauer, Wassertemperatur, Shopping-Angebote und Durchfallerkrankungen vorgelegt werden können!«

Volle zwei Wochen lang grübelten wir herum, telefonierten mit Reisebüros und Bekannten. Aber niemand konnte uns ein Kompromissziel nennen. Doch der Zufall wollte es, dass ich in meiner Stammkneipe ein Gespräch belauschen konnte, in dem es um einen Sporttaucher ging, der es sage und schreibe fünfzig Jahre lang geschafft hatte, seine Frau davon zu überzeugen, dass ausgerechnet dort, wo er tauchen wolle, Geschäfte, warmes Badewasser, Sonne und sonstiges Pipapo reichlich vorhanden seien. Und der Mann tauchte mit Vorliebe unter dem Eis der Polkappen, in eingenebelten Andenseen und in krokodilverseuchten Flüssen des nordaustralischen Dschungels! Das könnte die Lösung sein, dachte ich und besorgte mir mit dem zweiten Bier auch gleich die Adresse des Genies. Tags darauf besuchte ich ihn.

In der Szene war er als »Deko-Schorsch« bekannt, da sein ganzes Leben praktisch nur aus einer einzigen Dekompression bestand. Dementsprechend lebte er auch in einer öltankähnlichen stählernen Deko-Kammer, die im Garten neben seinem Wohnhaus stand. Dankbar für jeden Besuch, bat er mich herein und weihte mich in sein unglaubliches Geheimnis ein. Mit Zuversicht, irren Kopfschmerzen und fröhlich perlendem Blut

– Deko-Schorsch lebte ständig unter den Druckverhältnissen von 20 Meter Wassertiefe – entstieg ich seiner Wohnröhre und machte mich, seinen Angaben entsprechend, an die Arbeit.

Beim nächsten Urlaubsplanungs-Treff ging mein Vorschlag für 14 Tage auf der Trauminsel Anti-Krathapos wie geschmiert durch. Die Statistiken konnten nicht besser sein. »Wie hast du das hingekriegt?«, wollte Fritz wissen. »Die Insel sieht doch aus wie die Kulisse von ›Mad Max‹, nur Steine, kein Baum, kein Strauch, kein Geschäft, Ende April gibt's keine Sonne wegen der Sturmtiefs und bei ständig 7 Beaufort kann doch kein Schwein baden?« »Tja, aber die Statistiken in der Broschüre hier beweisen genau das Gegenteil«, sagte ich stolz. »Sonne, Shops, Jetset-Hafen, klares Trinkwasser und genügend Wind!« »Wie gibt's denn das?« »Pass auf«, flüsterte ich, »dieser Deko-Schorsch verfügt über Kontakte zu allen Druckereien, die Urlaubskataloge machen. Und mit etwa 300 Euro teurem guten Willen bekommst du deine Wunschseite mit Text und Statistiken mittendrin!« »Und wenn wir dort sind?« »Dann schimpfen wir entsetzlich auf diese Scheiß Statistiken und gehen surfen.« »Und wenn die Mädels gleich wieder nach Hause wollen?« »Tja, die Fähre kommt nur alle 14 Tage, manchmal dauert's auch länger, aber dafür konnte ich leider keine Statistik auftreiben.«

Steuer-Board

Wir schreiben das Jahr 2015. Der dicke Kohl ist wieder Bundeskanzler, Angela Merkel, Merz und Westerwelle sind seit zwei Jahren glücklich verheiratet, und das deutsche Mautsystem »Toll Collect« funktioniert immer noch nicht.

Unser kleiner Nachbar Österreich mauserte sich durch ein primitives Vignettensystem zum finanzstärksten Land der Welt und erklärt soeben seine Unabhängigkeit von Vorarlberg. Die BRD eroberte inzwischen mit deutscher Gründlichkeit sukzessive den ersten Platz in der globalen Schuldenliste. In dieser verzweifelten Lage entschließt sich die Regierung, nach einer saftigen Diätenerhöhung, drastischste Sparmaßnahmen zu ergreifen. Und das bedeutet: nicht weniger ausgeben, sondern mehr einnehmen. Dafür finden sich dann schnell ein paar kreative Köpfe, die dem Bürger mit einer mächtigen Latte neuer Steuern an den Beutel gehen. Welchen Einfallsreichtum die Finanzgeier dabei an den Tag legten, sollte ich bald erfahren …

Beim Windsurfen kann man solche Dinge wunderbar vergessen, dachte ich, fuhr an den See, lud ab und riggte auf. Als ich danach im Neopren zurück an den Strand kam, stand ein streng dreinblickender Herr neben meiner Ausrüstung. »Ihr-äh-Board?«, fragte er und ich bejahte stolz. »Mein Name ist Steuber, Edwin Steuber, mit ›eu‹, ich bin Kontrolleur des Sonderfinanzamtes Freizeit und Sport. Da sind-äh keine Steuervignetten, die müssen seit zwei Wochen an Brett und Rigg angebracht werden!« »Wie bitte?« Ich war doch etwas verwirrt. »Wofür denn das?« »Nun ja, Ihr Material muss-äh steuertechnisch erfasst sein. Danach richten sich dann die jeweiligen-äh Abgaben.« »Welche Abgaben?« »Erzählen Sie mir jetzt nicht-äh, Sie wüssten nichts von der neuen Steuergesetzgebung hinsichtlich des-äh Windsurfsports. Stand in allen Zeitungen.« »Nö, keine Ahnung.« »Tja, aber Sie liegen noch innerhalb der Frist. Dann wollen wir mal Ihre Daten-äh aufnehmen.« Er zückte ein amtliches Formular und fragte: »Ein Freerider, 120 Liter?« »125!«

»Ah-Pech, damit sind Sie knapp in die Volumenklasse-äh 3 gerutscht, ab 124 Liter, da zahlen Sie 15 Prozent des Neupreises pro Jahr Volumensteuer. Ah, der Mast ist 465 cm?« »Hm.« »... aber zweiteilig, und damit zahlen Sie 25 € pro Jahr Teilungsabgabe. Nun zum Segel. Bis 2,5 qm fällt keine Steuer an. Ihres ist ein Sechseinhalber mit mehr als 10 cm ausgestelltem Achterliek, das macht 10 x 6,5 = 65 x Windbereich 5 = 325 x 0,7 – macht 227,50 €-äh Segelsteuer.« Ich war völlig von den Socken. »Was ist 0,7?« »Der Spaßfaktor.« »Sagen Sie mal«, fragte ich, »ist das Ihr Ernst? Was blechen denn die Formulafahrer mit ihren 12 qm-Lappen?« »Da greift die Segellattenlängensteuer mit-äh Progressionsvorbehalt und 0,1 Spaßfaktor. Wir wollen doch niemanden-äh übervorteilen, nicht wahr?« »Das beruhigt mich.«

»Sonst haben wir nichts mehr anzumelden?« »Nein, nein«, log ich, und gnädig überreichte mir der Kontrolleur einen Durchschlag, klebte die Vignetten auf Board, Mast und Segel und kassierte 35 € Bearbeitungsgebühr. Anschließend kramte er etwas aus seiner Aktentasche. »Da, diese Windsurf-Steuererklärung müssen Sie in zehn Tagen ausgefüllt bei ihrem Finanzamt-äh vorlegen. Vielen Dank für die Umstände und auf Wiedersehen.« »Muss nicht sein«, sagte ich und dachte an einen Wechsel der Sportart. »Wie sieht's denn steuerlich beim Kiten aus, Chef?« »Kiter zahlen nichts.« »Was? Wieso nichts?« »Weil Kiten-äh als öffentlicher Unfug eingestuft wurde und seit 1.1. des Jahres-äh gesetzlich verboten ist.« Na endlich mal 'ne gute Nachricht.

Ein Blick auf das Formular brachte mich wieder auf den nackten Boden der tatsächlichen ... äh ... Dingens ... Durch die Vereinfachung des Steuerrechts in den Jahren 2004–2014 hatten sich die Regelungen scheint's derart unkontrolliert vermehrt, dass ich dem Fiskus jetzt völlig ahnungslos gegenüberstand und um Hilfe wimmerte: »Herr Steuber! Könnten Sie mir dabei helfen?« »Äh-gerne, lassen Sie mich-äh mal sehen.« Wir setzten uns auf den Steg und fingen an.

»Also zunächst-äh ist da die Beaufort-Steuer. Der Eingangssteuersatz beginnt bei 3 Beaufort. Wann surfen Sie?« »Na ja, so ab vier aufwärts.« »Aha-äh. Da haben Sie einen Freibetrag bis 4 Beaufort. Drüber wird versteuert mit 20 Prozent pro Beaufort.« »Ach.« »Haben sie surfende Kinder?« »Ja, zwei!« »Da bekommen Sie Surfkindergeld und Baukindergeld, wenn Sie Ihre Boards selber shapen, ... aber-äh, machen Sie ja nicht. Wo wohnen Sie überwiegend?« »Zu Hause.« »Also nicht im Saarland?« »Nein.« »Schade, da bekämen Sie 2 Beaufort subventioniert. Sie wohnen und surfen also überwiegend hier in-äh Bayern, dann greift noch die Manöversteuer für alle Moves, die

Sie nach links fahren. Rechts wäre frei ...« »Ich fahre praktisch nur rechtsrum ...« »Sehr gut. Absetzen können Sie verpasste Windtage mit über 5 Beaufort zu 60 Prozent oder Tage, an denen Sie statt eines erforderlichen 7 qm-Segels nur 5,5 qm gefahren sind. Außerdem Regattasiege, Clubbeiträge, Beteiligungen an Fremdboards, auch im Ausland.« »Hab ich nicht.« »Äh ahja. Die Segelprofilsteuer fällt weg, ihr Rigg ist ja korrekt getrimmt. Übrigens Obacht in Spanien, dort kontrolliert das die Guardia Trimmal. Die verstehen da gar keinen Spaß.« »Sonst noch was?« »Äh-ja, beim Besuch eines Surfshops fallen pro Quartal 10 €-äh Abgabe an den BDS an, und unvorhergesehene Böen sind als Beaufort-werter Vorteil zu versteubern-äh versteuern. Das-äh wärs eigentlich. Einfach-äh, was?«

»Na ja – wie sieht's denn mit Steuerflucht aus?« »Da bieten sich nur ein paar-äh Schurkenstaaten wie Andorra oder Nepal an, ohne-äh Wasser sozusagen. Die bekannten Geschichten halt.« »Weil Sie gerade ›bekannt‹ sagen, Sie kommen mir auch bekannt vor, ich kenne Sie doch ...«, sagte ich und beäugte mein Gegenüber genauer. Der legte den Kopf zur Seite und gestand: »Ja guut, Sie haben's erraten, ich bin's, Edmund Stoiber. Ich benütze nur das Pseudonym Edwin und Steuber mit ›eu‹ in der Mitte. Das klingt europäischer, und ich kann unerkannt-äh an der Basis recherchieren.« »Und wozu?« »Mit diesem-äh ungeheuren Wissen schnüre ich ein-äh neues Steuer- und Sparprogramm, mit dem ich die nächste Wahl sicher gewinne und-äh endlich-äh Bundeskanzler werde.« »Ach-ja? Und was wird neu?« »Alles wird noch einfacher, durch-äh zusätzliche Wassersteuer, die-äh einstufige Surfausbildung bis zum Loop, äh-Luftsteuer, Gabelbaumabgabe, äh-Soli für Nichtsurfer usw., Herr Christiansen ...«

GAUDEAMUS IGITUR

Je älter man wird, desto mehr Defizite muss man hinnehmen. Ich zum Beispiel kann jetzt nur noch ein- oder zweimal im Monat – also Windsurfen gehen. Die Arbeit verdirbt einem eben zunehmend das ganze Leben. Aber es musste doch, verdammt noch mal, eine Möglichkeit geben, sagen wir, drei Monate lang abzuhängen, jeden Tag am Rohr zu ziehen, ohne zu malochen und ohne an öffentlichem Ansehen zu verlieren ...

Und siehe da, eines Tages, ich träumte gerade davon, wie schön doch alles früher war, kam mir die Erleuchtung. Während des Studiums war ich doch fast täglich auf dem Wasser! Was lag also näher, als diese Zeit wieder aufleben zu lassen.

»Wie bitte? Du willst wieder studieren? In deinem Alter?«, fragte mein bisher bester Kumpel Herbert, als ich ihm alles erzählte. »Klar, dann hab ich wieder Zeit fürs Windsurfen.« »Und du willst jeden Tag an diesen langweiligen See fahren? Bei miesem Wetter und null Wind?« Damit hatte er recht. Das war Käse.

Also besorgte ich mir eine Liste aller Unis an guten Surfspots und kam so auf die »Universidad de Las Palmas de Gran Canaria«. »Dort ist das Studium kostenlos und vom Arbeitsamt kriege ich sogar noch 600 € pro Monat als Fortbildungsförderung!«, sagte ich zu Herbert. »Und was studieren der Herr?« »Da hab ich auch schon was Geiles gefunden: ›Forensische Hermeneutik der adamitischen Parataxie‹.« »Was ist denn das?« »Keine Ahnung. Hört sich aber stark an, was?«

Schon drei Tage später donnerte ich aufgekratzt ohne Pause mit meinem vollgepackten Audi-Kombi nach Südspanien durch, rollte entspannt auf die Fähre, um dann während der gesamten Überfahrt zu kotzen, was der Körper hergab.

Als ich endlich wieder festen Boden unter den Füßen hatte, machte ich mich sofort auf den Weg zur Uni. Aber die hatte sich scheinbar in Luft aufgelöst. Das war aber auch kein Wunder. Wegen der Dauerreiherei hatte es ich verpasst, in

»Las Palmas« auf Gran Canaria von Bord zu gehen und war bis zur Insel »La Palma« weitergefahren. Also alles nun wieder zurück.

Die Orientierung an der Uni gestaltete sich zunächst schwieriger als erwartet. Ich trabte ins Sekretariat, um mich zu erkundigen. Als ich drinnen war und losplappern wollte, merkte ich erst, dass die dicke, freundlich grinsende Dame nur Spanisch verstand. Und irgendwie, keine Ahnung warum, kam mir wie von selbst ein folgenschwerer Satz aus dem Film »Butch Cassidy and the Sundance Kid« über die Lippen: »Esto es un robo!«, sagte ich laut. Die Sekretärin erstarrte zur Dörrpflaume. Und weil es so gut ging, legte ich gleich noch Teil II, ein flottes »Los manos arriba!« drauf. Da riss die Mutter kreischend ihre Hände hoch und rannte wie vom Affen gebissen aus dem Raum.

Mit viel Geschick und noch mehr Kleingeld holte mich mein Dozent, Dr. Pablo Meyer-de la Fuente, zwei Tage später persönlich aus dem Inselknast. »Vielleicht ssollten Ssie zuersst eine Sspannisch-Kurs belleggen«, meinte er und hatte damit vermutlich recht. Also war es erst mal nix mit Surfen in Vargas oder Salinas. Stattdessen hockte ich im Kurs »Spanisches Lispeln für Einsteiger«. Und tatsächlich konnte ich nach ein paar Tagen in der Kneipe schon ein Bier bestellen, ohne verhaftet zu werden.

Zwischen den einzelnen Lektionen über »th« und »thh« sah ich mich am Schwarzen Brett nach einer Bleibe um und landete in einer WG mit drei verlotterten australischen Surfern. Die vegetierten schon vier Jahre in zwei zugemüllten Kammern vor sich hin. Und immer, wenn sie abends mit ihren Didgeridoos in einer Spelunke als Trio »Los Dos« auftraten, ging ich auf Kakerlakenjagd und desinfizierte die stinkende Bude.

Mit ansehnlichem Notspanisch meldete ich mich schließlich bei Dr. Meyer-de la Fuente. Etwas mürrisch teilte er mir mit, dass ich sein einziger Student sei. Jetzt steckte ich vollends in der Scheiße und konnte fünf Tage die Woche vor- und nachmittags bei ihm antanzen. Zum Surfen blieb also nur noch das Wochenende. Fast wie zu Hause.

Endlich hatte ich es geschafft. Es war Samstag und ich wollte nach Maspalomas. Doch ungefähr auf halbem Weg fing mein Audi an zu keuchen. Dann kamen noch zwei mittelschwere Detonationen, und der Motor verabschiedete sich mit einem leisen Pfft. Großartig ...

Deshalb übernachtete ich die nächsten Wochen in meinem Auto direkt in der Hightech-Werkstatt von Paco Moralez. Das war sicherer. Denn schnell hatte ich Folgendes gelernt: Wenn man fragt: »Kannst du das reparieren?«, und er sagt: »Mañana«, dann heißt das: »Nein!« Weil er nicht will. Man muss also am Ball bleiben. Richtig übel wird's aber, wenn er »Mañana, mañana!« sagt. Denn das bedeutet nichts anderes als: »Hau bloß ab!«

Die Reparatur schleppte sich dahin. Erst war es nur die Zylinderkopfdichtung, dann auch noch der Kühler. Und als schließlich noch das Getriebe ausgetauscht werden musste, verlangte Paco, dass ich als Sicherheit mein Surfmaterial hinterlegte. Damit war sogar das Wochenendsurfen gestrichen. Die ganze Surf-Studi-Nummer wurde zur Vollpleite.

Eines Nachmittags, ich tippelte gerade niedergeschlagen von der Uni zu Pacos Werkstatt, da hielt neben mir ein Toyota mit drei Tonnen Surfgerödel auf dem Dach. Als ich den Fahrer sah, war ich von den Socken, es war niemand anderes als Dr. Meyer-de la Fuente! »Sie fahren zum Windsurfen?«, fragte ich. »Claro!« »Wenn ich das gewusst hätte!« »Ich komme auss Madrid und arrbeite nurr weggen Surrfen auf Gran Canaria. Leiderr ich kann nur abbend und an Wochenende, weil Ssie jeden Tagg in Vorrlessung kommen.« Als ich ihm dann erzählte, dass ich eigentlich auch nur wegen des Windsurfens hier war, änderte der Doc spontan den Stundenplan. In täglichen, wissenschaftlichen Exkursionen erarbeiteten wir jetzt zusammen in den Wellen von Salinas und Ketchup ausführlich die gesamte forensische Hermeneutik der adamitischen Parataxie. Das nenne ich praxisorientiertes Studieren.

Natürlich darf man diese Art des Studiums nicht übertreiben. Man muss auch mal was wirklich Ernsthaftes für seine

Karriere tun. Das mache ich gleich im Wintersemester – da gibt es nämlich an der Uni in Kapstadt einen ganz hervorragenden Kurs für »Ambulante Gehirnchirurgie«. Dozent ist übrigens Dr. Meyer-de la Fuente ...

Das
Secondhand-Unternehmen

Also, ich habe ja schon immer alles gebraucht gekauft. Ist doch erheblich billiger. Wenn man zum Beispiel mit einem neuen Segel für 450 € aus dem Laden rausmarschiert, ist es draußen schon nur noch 300 € wert. Autos kaufe ich ebenfalls nur gebraucht. Vorher seh ich mir den Typen ganz genau an, der die Kiste 130 000 Kilometer für mich warm gefahren hat, und dann schlage ich zu. Und Frauen, die sind ja meistens auch irgendwie mindestens aus zweiter Hand. Und das ist ja eher ein Vorteil.

Vor ein paar Wochen spürte ich wieder dieses tierische Verlangen nach einem neuen, gebrauchten Brett. Doch zuerst wollte ich natürlich mein altes loswerden. »Du kannst es doch bei ›ebay‹ versteigern«, meinte ein Surfkumpel. Das schien mir eine gute Idee zu sein. Also klemmte ich mich hinter meinen Computer und nach zwei Online-Stunden hatte ich die Versteigerung meines Alt-Bic gestartet. Um die Nachfrage etwas anzuheizen, beschränkte ich die Dauer des Vorganges auf nur einen Tag. Und tatsächlich, am nächsten Morgen war die Kiste weg. Nur beim Preis war mir ein kleiner Fehler unterlaufen – ich hatte kein Mindestangebot angegeben – und so ergatterte irgendein Mistkerl mein Brett für sage und schreibe einen Euro! Zu allem Übel musste ich auch noch die ebay-Kosten und den Versand übernehmen.

»Was?«, fragte die Dame am Postschalter, »das soll ein Brief sein?«, und deutete auf mein in Packpapier gewickeltes Surfboard. »Klar, sehen Sie, hier steht die Adresse, Absender hinten und eine 55-Cent-Marke klebt auch drauf!« »Aber guter Mann, es ist zu groooß!« »Also kommen Sie, stecken Sie's doch mal durch Ihre Schablone. Mit etwas gutem Willen geht's schon durch!« »Bei 12 cm Breite und 1 cm Höhe?« »Na ja, man kann doch mal ein Auge zudrücken«, meinte ich, »oder vielleicht als Infopost Maxi?« Daraufhin packte sie mein Board wortlos auf die Paketwaage, knallte einen Sticker drauf und kassierte 85 € und 37 Cent Lehrgeld von mir.

Beim zweiten Anlauf, beim Ersteigern eines Gebrauchtboards, würde bestimmt alles besser klappen. Mir schwebte da ein möglichst billiger, möglichst neuer 2002er-AHD vor.

»Du musst drauf achten, ganz am Ende der Auktion zu bieten«, riet mein Kumpel am Telefon, während ich schon online war. »Aber da gibt's ja Tausende von Angeboten!«, plärrte ich verzweifelt in den Hörer. »Klar, such deine Favoriten raus und biete vorsichtig.« »Bei allen?« »Wieso nicht?« »Und wenn ich am Schluss zehn Bretter habe?« »Is doch geil, die versteigerst du dann weiter.« Das Risiko wollte ich nicht eingehen und suchte nach dem absoluten Supertreffer. Trapeze, Segel, Neos, Boards, Boards, Boards, Wahnsinn! Mir flimmerte es schon vor den Augen, als ich plötzlich den Hammer überhaupt entdeckte: Composite-Surfboard, neuwertig, Auktionsende in zehn Sekunden, kein Gebot, Mindestpreis 1 Cent – oder so ähnlich. Jetzt aber schnell, bieten, schnell und – 8, 9, 10: Zuschlag! Jawoll, Frau Knoll! Der Deal war gelaufen. Kiste aus und durchatmen.

Drei Tage später brachte die Post nicht etwa ein Surfboard, sondern einen Einschreibebrief vom Notar der »Streuhand-Gesellschaft, Abteilung Last-Minute-Abwicklung«. Darin stand: »Hiermit sind Sie alleiniger Besitzer des Ex-DDR Surfboard-Kombinats Neuwart, in Prießnitz an der Täätsch. Derzeitiger Mitarbeiterstand 400, davon 350 Betriebsräte, 50 Personen im Krankenstand. Symbolischer Kaufpreis: 1 Cent. Herzlichen Glückwunsch.« Da musste ich wohl in der Hektik was falsch gelesen und Composite mit Kombinat und neuwert. mit Neuwart verwechselt haben! Von einer Sekunde auf die andere wurde ich zum Unternehmer und hatte eine gebrauchte, marode Pleitefirma irgendwo kurz vor der polnischen Grenze am Hals! Hilfe! Was sollte ich nur mit 400 Angestellten anstellen? Der Kunst-Harz-Kommission in Kommission geben? Einen Sozialplan mit meinem Ersparten finanzieren? Und vielleicht hatten sie sogar noch Bretter? Hektisch rief ich den Pförtner an:

»Seechelbretter? Nu freil'sch. Wir hamm doch 13 Johre durchgearbeet'. Watt'n Se, da sin' genau 3746 Stück vom Modell ›Täätscher Hecht‹ uff'm Laacher.« Na, bravo. Totores Kapital gab's wohl kaum. Aber mein Kumpel meinte: »Biete die Dinger doch bei ebay an, für 5 € das Stück. Versand per Nachnahme.« Einen Versuch war's wert.

Nach zögerlichem Start kam die Sache doch tatsächlich ins Laufen. In der ersten Woche verkaufte ich zehn, in der zweiten schon 250 Stück. Dann plötzlich explodierte der Umsatz. Der »Täätscher Hecht« wurde zum Kultboard. Zum Trabant unter den Surfboards. Es war einfach stylisch und voll angesagt, auf einem Sozialisten-Original-Hecht zu tricksen. Der Preis stieg auf West-Niveau.

Nach vier Wochen mussten wir wegen der immensen Vororder sogar die Produktion wieder anwerfen. Aus Produktivitätsgründen schickte ich einfach zwei Drittel der Belegschaft zum Surfen, das verbleibende Drittel kleisterte Hechte. Und schon verließen statt der üblichen vier Bretter im Monat wie zu Erichs Zeiten, jetzt 400 pro Woche das Werk. Geht doch! Das Geschäft boomte und wir legten sogar die alten Baumwollsegel »Müritz-Brise« und den »Tupo-lew« Alumast wieder auf.

Doch nach zehn Monaten schlug der Markt brutal zurück: Der Trend war vorbei. Schluss. Aus. Mausetot. Finito. Basta. Scheiße, jetzt war die Firma nicht mehr zu retten. Ich wollte aber meine Kohle behalten, und der Einkommenssteuer plante ich auch nicht beizutreten. Deshalb beschloss ich, mich ganz dezent zu verdrücken. Ich verfeuerte die Geschäftsunterlagen zügig im Kamin, verscheuerte den »Hecht« noch blitzschnell als neues Olympiabrett an das IOC und klemmte mich hinter meinen PC. Warum schon wieder? Na, bei ebay ließe sich doch bestimmt eine kleine, gebrauchte Karibikinsel ohne Auslieferungsabkommen finden, die ich günstig kriegen könnte. Secondhand, quasi ...

Die spinnen, die Briten!

Jeder kennt doch diese Grübelei, wenn es um den Surfurlaub geht. Tarifa? Gran Canaria? Gargano? Marokko? Griechenland? Gardasee? Hatten wir schon. Sicher, schön war's überall, aber ... halt, genau: Schön! Das ist das Stichwort, wenn man schon überall war, wo es schön ist, warum dann eigentlich nicht mal nach England? Exakt, England, wo Dudelrock und Schottensack zu Hause sind und sogar der Thronfolger auf dem Brett steht, wenn es ihn nicht gerade vom Pologaul spreiselt. Also, ab auf die Insel ...

Ich war nicht schlecht überrascht, als ich erfuhr, dass der Eurotunnel, durch den ich mit meinem Auto nach Britannien donnern wollte, ein Eisenbahntunnel war. Echt dämlich, wer hat schon einen eigenen Zug? Ich hab ja nicht mal 'ne popelige Straßenbahn! Doch ein Anruf beim ADAC beruhigte mich. Mir wurde versichert, dass, speziell für solche Fälle, sowohl Franzosen als auch Engländer Züge zur Verfügung stellen würden. Ein Auto könnte ich mir ja dann auf der Insel mieten. Noch mal Schwein gehabt.

»In Britan wia haben Vekehr nur links«, meinte die freundliche Dame der Autovermietung in London. Ich war ein wenig verwirrt, beim Mieten eines Pkw über die landestypischen sexuellen Praktiken aufgeklärt zu werden, und stotterte: »Wi-wi-wie soll denn das gehen?« »Nun, du immer nehmen die linke Handseite von die Straße, wenn du fahren deine Auto.« »Ach soo, Sie meinen Straßenverkehr.«

Gott, war das peinlich. Aber wenigstens war mir jetzt die Geschichte mit dem Tunnel klar. Man stelle sich vor, Engländer und Franzosen treffen sich in der Mitte – die einen fahren links, die anderen rechts!

So packte ich also mein Gerödel auf den spiegelverkehrten Rover und war froh, dass ich kein Motorrad gemietet hatte. Mit einem rechtsgesteuerten wäre ich nie und nimmer zurechtgekommen.

Bei Land's End in Cornwall war mir ein Spot als Geheimtipp verraten worden. Hammerwind von rechts und Wellen wie auf Hawaii sollte es dort geben.

Nach einer elend langen Fahrt kam ich schließlich oberhalb einer winzigen Bucht an. Und tatsächlich, Wind und Wellen satt! Draußen flog auch schon ein Windsurfer durch die Gegend, dass es eine wahre Freude war. Tags darauf kletterte ich mit meinem Material den steilen Weg zum Wasser hinunter. Aber was war das? In dieser schlauchartigen Bonsai-Bucht standen gut und gerne 100 Surfer hintereinander – vom Ende des Fußwegs bis zum Wasser! »Was machen die nur«, dachte ich und ging aufs Wasser zu. Da sprach mich einer an: »Verzeihen mir, wir immer stehen die Schlange, tun wir nicht?« »Was ist?«, fragte ich zurück. »Du besser gehen hinten und waaten, bis du bist an die Reihe.« »Warum?« »Eestens, weil die Bucht ist sou schmal, dass nur immer eine Windsurfer kann gehen, und zweitens, weil das ist der Weg wia tun es in England, tun wir nicht?« »Keine Ahnung!«, gab ich zurück, stellte mich aber sicherheitshalber hinten an und wartete. Einer nach dem anderen flitzte ab, wenn sein Vorgänger reinkam, und blieb etwa zehn Minuten draußen. Na, das konnte ja dauern. Stunde um Stunde verging und als ich gerade auf Position 43 vorgerückt war, warfen plötzlich alle ihr Zeug in den Sand. »Was ist jetzt los, Leute?!«, rief ich. »Teezeit! Es ist 5 auf die Uhr!« Das durfte doch nicht wahr sein! Und schon lief einer rum, verteilte Tassen und schenkte Tee ein! Obelix hatte schon recht: Die spinnen, die Briten!

Endlich, endlich war ich an der Reihe. Ich grub meine Füße zum Start in den Sand, packte Board und Rigg, hob beides hoch und – da ertönte eine Schiffsglocke. Die restliche Schlange machte daraufhin kehrt und verschwand. »Was ist denn jetzt schon wieder??«, schrie ich verzweifelt und einer sagte noch im Gehen: »Die Strand ist geschlossen jetzt. Versuch wieder moogen!«

Tags darauf hätte ich am Strand einen Blindenhund brauchen können. »Was ein Nebel! Ist es nicht?«, sagte eine Stimme neben mir und ich fragte in die Suppe hinein: »Habt ihr das oft?« »Nua wenn da ist keine Regen«, antwortete die Stimme trocken. So was nennt man wohl englischen Humor.

In den nächsten Tagen regnete es nicht. Keinen Tropfen. Dementsprechend schlecht war die Sicht und ich flüchtete nach Norden, zum Bristolkanal.

In der Nähe von Sand Point gabelte ich einen Anhalter im karierten Kilt auf. »Wo kommst du denn her?«, wollte ich wissen. »Von Schottland!«, sagte er.

»Und was machst du hier?« »Reiten die Welle.« »Geht das hier gut?« »O ja, oben, an die Flussmündung. Ich nur muss finden jemand, der mir leiht eine Brrett.« »Typisch Schotte«, dachte ich. Dann aber beseitigte er meine Vorurteile und lud mich tatsächlich zum Essen ein. In einer kleinen Kneipe bestellte er zwei winzige Häppchen Käse. »Das ist ja komisch«, sagte ich, »bei uns gibt es den Käse immer zum Schluss«, und er meinte freundlich, »O ja, bei uns auch!« Zwölf schaumlose Biere später verriet er mir ein Geheimnis. »Diese Nacht wir haben volle Mond, das macht für die berühmte Flutwelle von die See in die Fluss. Du musst verrsuchen es.« Das war endlich mal eine gute Nachricht. Zufrieden brachen wir zur Mündung des Severn River auf und pennten im Rover.

Gegen sechs kamen wir zu uns. Draußen herrschte helle Aufregung. Typen in Neos luden Wellenbretter auf ihre Autos, einer wollte in dem Getümmel tatsächlich noch Surfclub-Mitgliedschaften verhökern und Hunderte schrien durcheinander: »Die Bore ist kommend, die Bore!« Mein schottischer Freund wechselte zu einem Surfer in den Wagen, der zwei Boards hatte, und ich beschloss aufzurigen.

Bei anständigem Wind düste ich vor der Flussmündung hin und her und nach einer Weile kam wirklich die versprochene Welle hereingelaufen. Ich schnappte sie mir und wurde voll in den Fluss gespült. Von allen Seiten kamen jetzt Wellenreiter an. Sie warfen sich in die Welle, machten ein paar Turns und knallten dann ins Ufer. Ich dagegen konnte mit meinem Segel auf der Welle bleiben. Und so ging's ins Land hinein. Vorbei an Gloucester und Worcester, Wolverhampton nach Shrewsbury. Diese Welle lief einfach weiter. Unglaublich. Jetzt war der Fluss nur noch ein Bach, viel zu schmal zum Umdrehen. Egal, weiter ging's. An den Ufern jubelten Unmengen von Zuschauern und mehrere TV-Teams begleiteten mich, bis ich endlich, nach über sieben Stunden, das Quellgebiet des Severn River bei Llanidloes erreichte und im Kies auflief. »Das ist die Rekord!«, jubelte ein Reporter ins Mikro »Du gewonnen die große Severn-Bore-Preis von 100 000 Pfund! Bitte zeigen deine Clubausweis.« »Was?« »Die Card von die Severn-Bore-Surf-Club!« »Hab ich nicht!« »Entschuldigung, aber die Preis kann nur gewinnen eine Clubmitglied. Anstatt du gewinnst eine fabelhafte englische Frustuck mit Tee, Wurstel und kostliche Nieren in die Fett von die Hammel!« Die spinnen, die Briten ...

Einmal im Jahr

Der rote Porsche Boxster bog von der Landstraße ab und rollte auf den Parkplatz. »Peter ist da«, sagte Herbert, »wahrscheinlich ist sein Jaguar kaputt, und der arme Kerl musste wieder den Zweitwagen seiner Frau nehmen.«

Wir trafen uns jedes Jahr zum Saisonabschluss hier in der Kneipe und quatschten übers Windsurfen.

Und nach ein paar Bierchen erzählte dann jeder eine besonders denkwürdige Geschichte aus seinem Leben auf See.

Die Tür flog auf, und Peter rief uns grußlos entgegen: »Stellt euch vor, mein XJ 12 ist schon wieder hin! Muss ich mich doch glatt in diese Sardinendose meiner Frau zwängen, weil die mit dem Mercedes zum Bridge gefahren ist. Scheiß Stress!« Peter kannte keine falsche Bescheidenheit, wenn es um den ererbten Kies seiner Frau ging. Sollte ruhig jeder wissen, wie gut es ihm ging. So war er nun mal, unser Peter.

Herbert, unser Zeitungsredakteur, kam eher aus der anderen Ecke. Vormals Spät-68er, dann Linker, später Halb-Linker und jetzt eine Art Hell-Grüner mit deutlicher Tendenz zu preiswerten Lösungen, wie z. B. der umweltfreundlichen und billigen Kompostierung seines Kunststoffmülls auf dem freien Grundstück neben seiner Wohnung.

Da saßen wir also wie jedes Jahr, aßen, tranken und ließen die Vergangenheit Revue passieren. Und natürlich war es Peter, der uns mit einer Surfgeschichte aus der Urzeit beglückte. »Also passt mal auf, ja?!« Er sagte fast nach jedem Satz »ja«, was Herbert und mir schon nicht mehr auffiel, Fremde aber innerhalb weniger Minuten zum Wahnsinn trieb. »Ihr müsst euch vorstellen – ein super Tag vor so etwa acht, neun Jahren, ja?« »Ja.« »Ich mir freigenommen und raus an den See.« »Freigenommen, du hast doch immer frei!«, motzte Herbert. »Na gut, also, weil ich mir gerade erst so eine sauteure Finne für etwa 200 Euro geholt hatte, ließ ich das Teil natürlich nicht am Brett, sondern wollte es erst am See anschrauben. Damals gab's noch diese alten Finnenschrauben mit Plättchen, von denen ich immer 'nen Zentner bei mir hatte, ja? Also hol ich eine aus der Vorratsdose. Da kommt doch so ein Typ und fragt, ob er eine haben kann, weil er seine vergessen hat, ja? ›Ja‹, sag ich und geb sie ihm. Dann greif ich wieder in die Dose und – lieber Himmel das war knapp – finde tatsächlich nur noch eine einzige, ja? Gerettet, denke ich, klemm sie zwischen die Lippen und hebe das Brett vom Dach. In diesem Moment kommt doch der Typ wieder und haut mir mit der flachen Hand auf den Rücken. ›Vielen Dank, ohne die Schraube wär der Tag gelaufen gewesen.‹ Ich ziehe vor Schreck die Luft ein und verschlucke die Schraube. Bravo, ja? Draußen 5 Beaufort und ich hab keine Finnenschraube! Was tun? Ahh, da gibt's doch zwei Dörfer weiter diesen neuen Surfshop. Ich also ins Auto und ab. Aber dort finde ich einen Zettel an der Türe: ›Pech gehabt, sind alle beim Windsurfen!‹ Ich zurück, ja? Am Strand kein Schwein mehr, alle draußen bei mittlerweile 6 Beaufort! Da fällt mir das Eisenwarengeschäft im Dorf ein. Nix wie hin. Aber die haben nur einen Millimeter dickere Schrauben, die nicht in mein Plättchen passen! Also – was glaubt ihr, hab ich gemacht?« »Hast dir in deiner Firma eine anfertigen lassen?«, stichelte Herbert und ich meinte, »neues Brett in der Stadt gekauft?« »Nix da, ihr kennt mich doch, aufgegeben wird nicht, ja? Ich bin zur Apotheke gefahren, hab mir einen halben Liter Rizinusöl gekauft, mich auf ein Feld gehockt und das Zeug ex gesoffen. Zehn Minuten später hatte ich meine Finnenschraube wieder und bin den anderen dann noch zwei Stunden um die Ohren gefahren, ja?« »Pfui Teufel«, sagte Herbert angewidert, worauf Peter gleich noch etwas nachlegte, in seine Hosentasche griff und eine alte, angegammelte Finnenschraube direkt vor Herberts Nase auf den Tisch knallte. »Hier isse!«

»Okay, okay«, sagte Herbert, »aber was ich erlebt habe, ist auch nicht schlecht. Ich hatte doch noch diesen 25-Kilo-Bomber von 1972 in der Garage und wollte ihn endlich loswerden. Aber wie? Den wollte doch keiner mehr, und die Müllabfuhr nahm ihn auch nicht. Also entschloss ich mich, ihn einfach am Hausrevier zu vergessen. Gesagt, getan. Zwei Tage später läutete es an meiner Wohnungstür und ein paar Typen vom See standen mit dem Monstrum auf dem Flur.

Da war er also wieder, der Veteran. Als nächstes versuchte ich es mit der Dachträger-Nummer und schnallte das Gerät einfach nicht an. Aber diese Gurke krallte sich fest und lag nach 200 Kilometern immer noch oben! Ich überlegte hin und her, wie ich das Ding loswerden könnte, und kam schließlich auf die Mega-Idee: Ich lass es mir stehlen! Zu diesem Zweck raste ich an den Gardasee und parkte mein Auto mitsamt Komplettboard auf einem der Top Ten Diebstahls-Parkplätze. Dann fuhr ich mit dem Zug nach Hause. Als ich eine Woche später wieder runter kam, lag der Hobel unangetastet auf dem Dach meines Wagens. Der allerdings war inzwischen professionell ausgeschlachtet worden: Räder, Spiegel, Stoßstangen, Kotflügel, Türen, Sitze und der Motor fehlten. Ich war so sauer, dass ich jedem noch 50 Euro gegeben hätte, wenn er das Gerät nur mitnimmt.« »Was ist dann passiert?« »Hört zu, am Freitag drauf ruft mich einer vom See an und fragt, ob er das Brett haben könnte. Gerne, sag ich, ich schenk's dir. Hol es einfach ab.

Als er Samstag früh kam und die Kiste aufs Dach gewuchtet hatte, wollte ich doch gerne wissen, was er damit vorhatte. Also fuhr ich ihm heimlich nach. Der Kerl fuhr raus zum See, wo eine Oldtimerregatta stattfand, baute einen Verkaufsstand mit fossilen Ersatzteilen auf und legte mein Monstrum daneben. Und was soll ich euch sagen? Zehn Minuten später hatte er es für 800 Euro an einen Sammler verkauft!!«

Peter und ich brüllten vor Lachen. »Das schmerzt so einen Oberschotten, was?«, sagte Peter. »Eigentlich dann doch nicht so besonders, der Bomber war nämlich die alte Kiste, die du mir damals zum Anfangen gegeben hast!«, sagte Herbert, und Peter konterte: »Schwamm drüber, überweis mir einfach die Mäuse und die Sache ist vergessen.«

Nun war ich an der Reihe. »Also gut, Jungs. Hab ich euch schon die Geschichte von meinen Urlaubsfotos erzählt? Nein?

Das war ein Ding! Barbados, 6 Beaufort, Sonne. Da drücke ich natürlich meiner Frau die Kamera in die Hand und sage: ›Mach mal ein paar heiße Shots von mir‹, und donnere raus. Halsen, Jumps, Body Drags – alles lief perfekt. Noch am gleichen Tag brachte ich den Film in ein 1-Stunden-Labor. Aber als ich die Bilder bekam, packte mich das Grausen. ›Was ist das?!?‹, schrie ich und sie sagte nur: ›Ach, weißt du, dieser kleine Hund am Strand war einfach zu putzig – aber einmal bist du sicher auch drauf!‹ Ich sah die Pictures durch und fand 36 Fotos von einem braunen, unscharfen, putzigen Barbados-Hündchen. Auf dem letzten war aber mit der Lupe tatsächlich ein winziger Fleck auf dem Wasser zu erkennen. Toll, das war ich!

Den nächsten Film verballerte sie von einem wild schaukelnden Fischerkahn aus. Die Bilder waren entsprechend. Entweder nur Himmel oder nur Wasser. Aber immerhin gab es eines mit einer losen Trimmschot am Bildrand.

Für die echten Action-Shots erstanden wir eine Unterwasserkamera, mit der meine Frau auf einem Board hinauspaddelte. Ich legte ein Feuerwerk der surftechnischen Fahrkunst hin und sie jubelte: ›Hab ich! Hab ich!‹, bis sie mittendrin von einer Welle vom Board geknallt wurde. Die Kamera flog in hohem Bogen davon und versank wie ein Stein im Ozean. ›Sie schwimmt nicht!‹, schrie meine Frau entsetzt. ›Logisch, heißt ja auch Unterwasserkamera!‹

Doch Wochen später fand der Tauchlehrer unseres Hotels das gute Stück und schickte es nach Deutschland. Ihr könnt euch vorstellen, wie gespannt wir auf die Bilder waren. Den Film hatten wir sicherheitshalber an ein Fachlabor geschickt. Ich öffnete den großen braunen Umschlag mit zitternden Fingern und zog als Erstes einen Brief heraus. Darauf stand: ›Leider wurde Ihr Film beim Entwickeln zerstört. Den entstandenen Schaden begleichen wir mit beiliegendem, unbelichtetem Film. Wir bitten Sie unseren Fehler zu entschuldigen und wünschen Ihnen weiterhin viel Spaß mit Ihrem Hobby.‹

Als wir uns draußen vor der Kneipe verabschiedeten, hatte ich so ein komisches Gefühl und meinte: »Jungs, irgendwas hat dieses Jahr nicht gestimmt.« Peter grinste mich an und antwortete: »Korrekt, Herbert und ich haben mal die Geschichten getauscht!« »Na klar, das war's. Diesmal wäre eigentlich Herbert mit der Schraube dran gewesen!« »Exakt. Wie bist du draufgekommen?« »Na ja, so was merkt man einfach, wenn man sich seit Jahren dieselben Storys erzählt.«

DER WINDSURF-JUNKIE

»Scheiße«, sagte ich, »war das kalt an den Füßen!«

»Gut«, meinte der Psychiater, ohne zu mir auf die Couch rüberzusehen.

»Was heißt hier gut?«, antwortete ich. »Schließlich stand ich um 3 Uhr morgens barfuß und halb nackt in meiner Garage und umarmte das kleine Waveboard.«

»Ach ja!?«

»Ja, im Januar, bei 11 Grad unter null! Und ich hatte keine Ahnung, wie ich dort hingekommen war.«

»Interessant.«

Nach einer langen Karriere als Surf-Junkie und vor allem wegen der letzten Ereignisse hatte mich ein Suchtberater der Staatsanwaltschaft dazu überredet, einen Seelenklempner aufzusuchen. Vielleicht würde es mir mit seiner Hilfe gelingen, endgültig aus diesem Teufelskreis auszusteigen. Da lag ich also und erzählte.

»Wie ist denn Ihr normaler Tagesablauf so«, wollte Dr. Darby wissen.

»Tja, nach dem Aufstehen springe ich in eine Boardshort, knalle ein Surf-Video in den Rekorder, damit meine Hände nicht mehr so zittern, hänge mich mit dem Trapez an den Deckenhaken und lese die Zeitung.« »Welche? Die SZ? Die FAZ?« »Nee, ›surf‹-Magazin. Anschließend schlüpfe ich in mein Regatta-Lycra-Shirt, ziehe den Anzug drüber und surfe – äh, fahre ins Büro.«

»Ah ja. Und bei der Arbeit, haben Sie da Probleme?«

»Pausenlos, mein Chef ist ein echter Korinthenkacker. Verlangt der doch neulich eine Haarprobe von mir, nachdem ich zwei Wochen krank war. Und ein paar Tage später sagt er, er wüsste jetzt ganz genau, dass ich gar nicht mit einem Darmvirus im Bett lag, sondern dass ich beim Windsurfen war. Die Salzkonzentration in meinen Haaren würde das für diese Zeit eindeutig beweisen und zu 99,9 Prozent wäre ich auf Sardinien gewesen!«

»Und was machen Sie abends?«
»Na, jetzt im Winter poliere ich Finnen, säubere meine Masten von innen, was man halt so tut. Dann schau ich im Internet sämtliche Surf-Sites an, lerne die Händlerangebote und Anzeigen aus ›surf‹ auswendig und trainiere unter der Dusche die neuesten Moves. Zum Schlafen ziehe ich dann einen Trocken-Neo an und schlüpfe in den Winterboardbag. Die Heizung spare ich mir schon seit Jahren.« »Ihr Bett haben Sie also auch verhökert?« »Quatsch, da liegen doch die Customs drin, schön weich verpackt, in den guten Daunendecken!«

»Und im Sommer?« »Da bin ich mittags schon ganz fickrig. Nach dem Büro geht's dann direkt an den See, surfen bis es dunkel wird. Meistens penne ich gleich im Auto und geh von Sonnenaufgang bis 8 Uhr noch mal raus.«

»Und wann essen Sie was?« »Essen? Ja, Sie sind gut. Wenn ich Geld fürs Essen rauswerfen würde, hätte ich mir nie mein ganzes Material kaufen können. 24 Boards, 32 Segel und elf Masten. Und man muss ja immer auf Zack sein, wenn es was Neues gibt. Ah, brauchen Sie vielleicht eine Einbauküche? Nur 1300 Euro. Das wäre genau dieses neue Formula-Board.«

»Und was war das neulich mit der Polizei?«

»Die haben mich einfach beim Eissurfen eingesackt. Ich weiß auch nicht, was die hatten, ich habe doch nur einen 5 Meter breiten Halbwindstreifen quer über den See freigemacht, mit der Kettensäge. Und da stand dieser Steg mit dem Restaurant plötzlich irgendwie im Weg.« »Was haben Sie sich denn dabei gedacht?« »Eigentlich nur eines: Surfen, Surfen, Surfen!«

»Sind Sie sonst noch irgendwie mit dem Gesetz in Konflikt geraten?«

»Na ja, da war diese Geschichte mit der Surfschule auf Rhodos, die ich verkauft habe.« »Die gehörte Ihnen doch gar nicht!?« »Nein, aber ich brauchte doch die Kohle für den Hawaii-Trip. Eine Hypothek auf meine Wohnung hatte ich schon laufen und das Handtaschenklauen vorm Altenheim brachte in einem Monat nicht mal genug fürs Übergepäck.«

»Statt Gefängnis machten Sie dann eine Entziehungskur in Tibet?«

»Genau, und ich war auch eine ganze Weile danach clean, bis mich ein paar Kumpels ausgerechnet ins Wellenbad mitnahmen. Herrliche Lines waren das und supersaubere Wellen, einfach perfekt. Es dauerte genau fünf Minuten und der Rückfall war da. Ich nahm drei Bademeister als Geiseln. Lösegeld waren eine Windmaschine und ein Waveboard mit 5,0er-Segel. Dann ließ ich es sechs Stunden lang krachen. Ich war wieder total drauf. Voll hart.« »Sie sind aber entkommen?« »Klar, sonst wär ja das mit dem Kaufhaus nicht passiert.« »Was war denn da noch?« »Na ja, nach dieser Wellenbadnummer war ich ziemlich auf Turkey, logisch, jetzt im Februar. Meine Hände machten dauernd solche Greifbewegungen wie nach dem Gabelbaum. Ins Büro ging ich auch nicht mehr, ich konnte nur noch ans Surfen denken. Und als ich mal so durch die Stadt streunte, kam ich an dieser Kaufhaustür vorbei. Mann, das war ein Ding. Kurz bevor man zur Tür kommt, legt dieser warme Wind los, so circa 4 bis 5 Beaufort schräg von unten. Da gab's kein Halten mehr. Ich nach Hause, das Onshore-Material eingesackt. 15 Minuten später hatte ich auch schon alles aufgebaut, ging mit Board und Rigg zum Haupteingang und sprang aufs Brett. In diesem Moment riss aber jemand die Tür auf, und es saugte mich mit einem Mordssatz nach innen, mitten durch die Haushaltswaren, Gläser, Geschirr und so. Von dort kam ich irgendwie auf die Rolltreppe zum ersten Untergeschoss: Feinkost. Die Rolltreppe war voll geil. Ich im Affentempo runter, am Ende abgezogen und mit einem sauberen Speedloop geradeaus in die Fischabteilung. Dann sofort weiter zum Wein geglitscht, rein in den Lift und ab in den Sechsten: Damenoberbekleidung. Jetzt lagen sie alle vor mir, diese jungfräulichen Rolltreppen, hinunter bis ins 2. UG. Rip Me!!! Riefen sie, und das tat ich dann auch: Grinden über den Handlauf, Speeden, Springen, von den Computern zum Parfüm, Cut Back in die Spielwaren, runter in die Sportabteilung, Bottom Turn zu den Schuhen, draufbleiben und voll durch die Hemden, BHs, Hüte aahhh – Wahnsinn ...«

»Schön, dass Sie das auch so sehen, der Schaden geht schließlich in die Millionen, vor allem durch den Brand in der Teppichabteilung. Sie müssen ein für alle Mal runter von der Droge, bevor Sie eine nationale Katastrophe auslösen.«

»Und wie soll das gehen?« »Schocktherapie! Bei Ihnen hilft nur die klassische Schocktherapie.« »Mit Strom?« »Härter!« »Was??« »Viel härter. Sie werden den ganzen Sommer über acht Stunden täglich in der ›surf‹-Redaktion Surffotos ansehen und sortieren. Und wenn es richtig hackt, so mit 5 bis 6, dass es die Rentner quer am Fenster vorbeiweht, dann fahren Sie an einen See und machen Interviews am Strand. Aufs Wasser dürfen Sie nicht.«

»Glauben Sie, ich halte das durch?« »Ich denke schon, die meisten ›surf‹-Redakteure haben es ja auch gepackt.«

Geschenkt ist viel zu teuer!

Irgendwann muss das alte Material einfach weg, weil ..., nicht weil es nicht mehr gut wäre, nein ..., weil es einfach weg muss. Wozu gibt es schließlich jedes Jahr neues? Ich gab eine Annonce auf, in der ich mein komplettes Equipment zum Kauf anbot: »Tommy verkauft alles – Boards, Segel, Masten, Gabelbäume, Finnen und und und ... Tel.«

Der erste Anrufer fragte nach einem Telefon, da ich ja geschrieben hatte: »... verkauft alles –... Finnen und, und – und dann: Telefon.« Ich erklärte ihm, wie ich das gemeint hatte und wartete auf den nächsten. Aber nichts tat sich. Wie machten die anderen das nur? Am See hörte ich dauernd, dass sie dies verkauft hätten und dann das und so weiter. Entweder waren die Kerle Verkaufsgenies oder ganz ordinäre Lügner, die irgendwo Lagerhallen für ihr unverkäufliches Altmaterial gemietet hatten.

Die Tage gingen dahin, aber mein Telefon schwieg beharrlich und in mir stieg bereits die Angst hoch, mein wackliger Finanzierungsplan für das neue Surfmaterial könnte zusammenbröseln wie eine alte Semmel unter dem Vorschlaghammer. Aber da geschah das Wunder. Ein lautes »RRRIINNNG!« kündigte hoffentlich den Anruf eines Interessenten an. »Hallo!?«, flötete ich in den Hörer. »Ja hallöle, hier Stäbli«, vernahm ich vom anderen Ende. »Sie habet doch Surfsach' zu verkaufe, gell?« »Ja, da haben Sie aber Glück, dass noch was da ist!« »Hawa?! Was habet Sie denn?« »Ja, ich habe noch ein 278er-Slalombrett, Weltcup Prototyp mit viereinhalb Kilo!« »Was? So leicht? Des kann ja nix aushalten.« »Nana«, meinte ich, »damit ist immerhin der Schrader Vierter geworden«. »Na ja, bloß Vierter ...« »Das Ding ist so geil, da reißt es Ihnen die Haare vom Kopf, wenn's loslegt.« »Hawa? Und was soll des koschte?« »Naja, es ist erst knapp zwei Jahre alt ...« »Was, zwoi Johr scho?« »Erst – na, für Sie so um die 900 Euro.« »Ja Leut und Kinder, mehr wie 300 Euro kann i mir net leischte – i hob vier

Kinder. Habet Sie nix Billigeres? Oder a Sägel, so 6,5 Quadrat?« »Hab ich, ein Worldcup Racing, sauschnell und fast neu, für 500 Euro.« »Guter Mann, des isch viel zu viel, des krieg' i' ja neu vom letschte Jahr für 400!«

Das Gespräch zog sich hin und ich konnte mir das nur dadurch erklären, dass dieser Mensch das Ferngespräch von seinem Firmenschreibtisch aus führte. Privat wäre ihm das sicher nicht eingefallen. Jedenfalls ließ ich mir seine Durchwahlnummer geben – richtig, nur zwischen 9 und 4 Uhr im Büro, falls ich mir die Preise noch einmal durch den Kopf gehen lassen würde.

Eine Woche verstrich, aber kein Schwein rief mich an, und so meldete ich mich bei Herrn Stäbli. »Tja, Herr Stäbli, jetzt sind nur noch ein Brett, ein Segel und ein Mast mit Gabelbaum und Mastbase übrig«, log ich. Und er sagte: »Wisset Sie was, nächschte Woch bin ich in Ihrer Nähe, da schau ich mir elles amol an. Adele!«

Montagmorgens um 4 Uhr 23 stand Stäbli vor meiner Haustüre und läutete Sturm. »Schönes Wohnmobil haben Sie da«, sagte ich verpennt. »Hajo, des hab ich geliehen, von einem Freund, i kann mir ja so was net leischte. Ond die Öschterreich-Vignette hat er au drauf, hähä. Ah – habet Sie noch des Brettle?«

Ich holte den Racer vorsichtig aus der Garage. »Is wohl recht empfindlich?«, meinte Stäbli, um den Preis zu drücken. »I wo«, sagte ich und schlug mit der Faust eine Delle rein. »Na jetzt könnet Sie aber keine 800 mehr verlange!« »900, Herr Stäbli, 900 – na gut, 850, weil Sie es sind.« »Ond des Sägel ond der Mascht mit Gabel?« »Alles hier, zusammen für 600.« »Ha des wären ja zusammen fascht 1000?« »1500 um genau zu sein.« »Viel zu teuer! Habet Sie nix Billigeres?« »Eine alte Lexanfinne könnte ich Ihnen für 3 Euro überlassen.« »Ohne Brettle?« »Ja was glauben Sie denn!?«

Der Bursche war eine harte Nuss. Wahrscheinlich stammte er direkt von einer Familie levantinischer Basarhändler ab. »Also hören Sie mal«, lenkte ich ein, »dieses Material ist erste Sah-

ne aus dem Worldcup, alles Kohlefaser, Hochleistungsequipment!« »Ja woher habet Sie das eigentlich?« Verlegen, aber stolz gab ich zu, schon einige Beziehungen zu Firmen und Händlern zu unterhalten, durch die ich sehr günstig drankäme, was ein Riesenfehler war, wie sich herausstellte. »Ja, dann könnten wir doch amol schnell bei so einer Firma vorbeigugge, oder?«
»Neinneinnein, bestenfalls bei einem Händler!« »Au gut.«
Eine Stunde später stand ich mit Stäbli im Shop und wurde freundlich begrüßt. Stäbli ließ sich vierundzwanzig Bretter zeigen und zwölf Segel aufbauen, bis er mich gegen Nachmittag aufforderte, den Preis für einen einzelnen Trapeztampen um lächerliche 95 Prozent zu drücken. Nur Augenblicke später hatte ich in diesem Shop Hausverbot. Stäbli allerdings wurde in die Kundenkartei aufgenommen und bekam als potenzieller Großabnehmer einen Neoprenanzug und Trapezgurte geschenkt.
Wieder zu Hause, brachte er mich doch tatsächlich dazu, einen Boardimporteur anzurufen, ob nicht vielleicht ein Testbrett für mich persönlich zu haben wäre, und wir fuhren hin. Natürlich mit meinem Wagen. Aber das Brett war ihm zu groß. »Das wussten Sie doch vorher schon!« »Ja, aber wenn's billig g'wäse wär, wär's vielleicht gar net zu groß g'wäse.« »Und es hätte Sie auch weiter nicht gestört, wenn eine Carbonfinne und ein Boardbag dabei gewesen wären?« »Noinoi.«
Ich hielt den Moment für gekommen, meinen Deal abzuschließen und fragte: »Na, wie wär's denn jetzt mit meinem Material?« Stäbli drehte und wand sich wie ein angestochener Regenwurm. »Jaa, des is ja elles sehr schön, aber halt z'teuer, soo viel Geld! Und am End fährt's dann gar net vernünftig, gell?! Man müsst's halt amol probiere könne ... ha, wisset Sie was? I fahr doch an' Lago – gebet Sie mir des Zeug doch oifach mit und i probier's aus, gell.« Ich dachte kurz nach, sah die drohende Finanzierungslücke über mir schweben und stimmte zu. »Aber Sie müssen mir schon ein Pfand dalassen.« »Ja klaar. I lass Ihne des Mountainbike da auf'm Wohnmobil da. Ganz neu, 2000 Euro wert! Des hat mein Kamerad vergessen

runterz'nehme, gell. Aber ich komm schon wieder – ich muss ja noch mol in den Surfshop na, die haben mir noch a Trapez versproche, des war grad net da.«

Stäbli packte mein Material, ich bekam das Bike und seine Visitenkarte. Dann dampfte er ab. Wahrscheinlich mit geliehenem Diesel im Tank.

Sonntagabend gegen 22 Uhr stand er wieder vor meiner Haustür »Hallöle, ich bin's!«, sagte er und bat um ein kühles Getränk und einen kleinen Imbiss. Als er damit fertig war, lenkte ich das Gespräch aufs Geschäftliche. »Na, wie sieht's aus?« »Jaa – net schlecht, net schlecht, aber desselbe Zeug hätt ich in Torbole für 800 Euro kaufe könne anstatt für 1000.« »1500!« »Ja, und ich hätt sogar noch einen Anzug dazukriegt und eine Schwimmweschte, gell!« Jetzt wurde es ernst. »Also gut, 1200.« »900«, sagte Stäbli. »Was? 900, wollen Sie's nicht lieber geschenkt? 1200 ist ein Wahnsinnspreis!« »Jajaa, aber da hat des Brettle noch net des kloine Löchle g'habt!« »Wie bitte?! Ein Löchle?« »Ja, i han Vorfahrt g'habt, gell, aber so ein Halbdackel von Italiener knallt mir nei und is dann davon, gell!« »Dafür schraub ich Ihnen den Sattel ab!« »Bitte.« »Also gut, dann sagen wir 1100!« »950, ein zweites Carbonfinnle und noch ein Gabelbäumle.« »1050 und die Finne ... und die Gabel ...« »1000 und die Finne, mein letztes Angebot«, hörte ich mich sagen. »Abgemacht«, sagte Stäbli, griff schnurstracks in seine Hosentasche und holte eine armstarke Rolle Hunderter heraus. Dann verlangte er das Bike, lud es auf, schob mein Material in den Bus und kam zurück.

»Ah, übrigens, mei' Kärtle, Sie wisset schon, des hätt ich gern zurück, gell.« Ich holte die Visitenkarte dieses Megaschotten und sah zum ersten Mal drauf. Dort stand STÄB, Fabrik für exklusive Sitzmöbel, Josef Stäbli Eigentümer! »Was, die STÄB Möbel, das sind Sie? Sie machen diese superteuren Designerdinger?« »Jaja.« »Das trifft sich aber gut, ich bräuchte ein dreisitziges Sofa. Und jetzt, wo Sie so billig an echtes Worldcupmaterial gekommen sind, da könnten Sie mir doch auch etwas entgegenkommen.«

Stäbli nahm seine Karte und sagte: »Wirklich schad, aber da geht nix. Ein guter Tipp: Im G'schäft muschd hart bleibe', sonscht kommschd zu nix!« Dann stieg er ein und rief noch aus dem Fenster: »Des Boardbag hab' i mit eing'ade, des is doch dabei, gell – und wenn Sie wieder was zu verkaufe' habe, dann ...« »Dann werf ich's lieber weg!«

Cool – Loop dich jung!

Wenn man der Werbung glauben darf, und das tun wir natürlich uneingeschränkt, dann ist Windsurfen eine Sportart, die jung, frisch und dynamisch ist. Und genauso sind auch die Leute, die sich bei Wind und Wellen das Brett unter die Füße und ein Rigg zwischen die Finger klemmen. Aber trotzdem – wenn man so langsam auf die vierzig zugeht, die Kopfbehaarung merklich nachlässt, dafür aber die Haare unaufhaltsam aus Ohren und Nase zu sprießen beginnen, dann fängt man doch an, den Aussagen der Werbung zu misstrauen. Frisch und dynamisch – okay.

Aber wenn 18- bis 25-Jährige nicht mehr mit einem sprechen und am Strand mit verächtlicher Miene vorbeitigern, dann ist man einfach zu alt. Das ist das Problem. Wie sich das kaschieren lässt? Eine Zeit lang helfen da nagelneue Boards und Segel schon ganz gut, und Klamotten, in denen einen die eigene Mutter lieber nicht sehen sollte. Aber das Entscheidende, das Tüpfelchen auf dem i fehlt doch. Wie, verdammt noch mal, wie wird ein Surfer wieder jung?

In dieser besorgniserregenden Situation befand sich auch Ewald Turner. Als surferisches Urgestein hatte er mit seinen 42 Lenzen schon alles miterlebt, was der Sport auf dem Buckel hatte. Und immer zählte er zu den Platzhirschen an seinem Hausrevier. Powerhalse, Duck-Jibe und Mörderspeed – Ewald hatte alles drauf. Aber jetzt, jetzt reichte das eben nicht mehr und sogar der eigene Sohn schämte sich, gemeinsam mit ihm surfen zu gehen.

»Was muss man denn tun, um bei euch jungen Spritzern wieder mitreden zu können?«, fragte er seinen Filius. »Tja, Alter«, meinte der, »du bist einfach irgendwie uncool, verstehst du?« »Nee.« »Na ja, so wie du fährst!« »Ach was. Wie fahr ich denn?« »Na eben uncool, Mann. Wie ein alter Sack. Immer hin und her. So lange geradeaus, bis der See zu Ende ist, dann 'ne Zitterhalse und wieder zurück. Voll uncool!« »Und wie surft man cool?« »Na voll anpumpen, wie irre, Speed machen, 'ne Welle aussuchen und dann frrrt!« »Was, frrt?« »Na 'nen Loop drehen, Alter!« »Ahhja. Einfach so 'nen Loop.« »Klar, Loop ist obercool!«

Ewald fuhr es in alle Glieder. Ein Loop war für ihn zwar toll anzusehen, aber selber einen zu springen? »Das ist doch scheißgefährlich!«, sagte er. »Quatsch. Backloops vielleicht, aber beim Frontloop kannst du dir höchstens mal 'ne Rippe, das Brustbein oder die Nase brechen.« »Mehr nicht?« »Nö. Na ja, eventuell gibt's 'ne coole Platzwunde auf der Rübe, aber das war's dann auch schon.« Na gut, wenigstens schienen die Beine außer Gefahr zu sein. Ewald begann sich der Loop-Idee anzunähern. »Würdest du mir denn den Loop beibringen?«, wollte er von seinem Stammhalter wissen. »Du bist wohl durchgeknallt, in deinem Alter, mach dich doch nicht lächerlich. Schließlich möchte ich studieren, und da solltest du mindestens noch zehn Jahre gesund bleiben, damit du genug Kohle machst. Die Uni auf Hawaii ist nicht ganz billig!«

Na gut. Diesem Rotzlöffel würde er schon zeigen, was cool ist! Zunächst musste mal das richtige Material her. Bump-&-Jump-Ausrüstung. Ein Zwosechziger und eine Fünfeinhalber für radical moves. Mit dieser Bewaffnung startete Ewald seine erste autodidaktische Trainingseinheit in Sachen Frontloop. Bei Gewitterböen von 7 Beaufort hackte er über den See, pumpte, suchte sich eine Welle aus und frrt – zerlegte er mit einem mächtigen Adler seinen Gabelbaum.

Wieder im Shop kaufte er einen neuen und fragte den Verkäufer: »Sind Sie sicher, dass man mit diesem Brett überhaupt loopen kann?« »Klar. Aber achten Sie drauf, dass Ihr Sohn einen Helm trägt.« Unverschämtheit! Dieser Bursche zählte ihn also auch schon zum Alteisen. Doch Ewald ließ sich nicht entmutigen. »Zufällig habe ich dieselbe Kopfgröße wie mein Sohn. Zeigen sie mir doch mal so 'nen Helm!«

Leider endete Ewalds zweiter Loop-Trainingstag lediglich mit einer unbefriedigenden Anhäufung kapitaler Schleuderstürze. Das *musste* am Material liegen! »Haben Sie nicht irgendein Gebrauchtbrett, auf dem der Loop schon irgendwie drauf ist? So ein richtig eingelooptes, verstehen Sie?«, fragte er im Shop. »Nönö, am Material liegt's nicht«, sagte der Verkäufer. »Schau'n Sie mal hier, auf dem Video von '93, da springt Dunkerbeck einen Loop mit einem 3 Meter 70 Raceboard! Vielleicht sollte Ihr Sohn einen Kurs machen?!« »Ich werd's ausrichten, danke.«

Ewald packte seine Sachen und bretterte an den Lago. Vielleicht nicht gerade das ideale Revier, aber dass es dort Loopkurse gab, wusste er.

Ein schwarzbraun gebrannter eingeborener Surflehrer empfing ihn. »Ahh, eine Kurs per Salto die Loopa. Dove – ahh – wo a ista Ihre Sohn?« »Nein, nein, für mich, nicht für meinen Sohn!«, brüllte Ewald. »Ahh si, si. Also wir habenna eine sehr schöne Seniorenakurs mitta 30 anni. 450 Euro.« Das war doch nicht zu glauben, dieser Zitronenpflücker machte sich lustig! »Nein! Loopkurs! Für mich! Jetzt! Hier und sofort! Und ohne diese Anni!«

Um 20 Uhr trafen sich alle Kursteilnehmer im Seminarraum des Hotels, um Theorie zu büffeln. Keiner der zwölf Burschen war älter als achtzehn, Ewald ausgenommen. Dafür hatte er, im Gegensatz zu den anderen, die wohl auch schon alleine trainiert hatten, noch alle Zähne. »Hey, Alter«, zischte einer über seine blanke Felge, »hier if' Loopkurf, nich' Furfen inna Rente!« Ewald blieb aber cool. »Pass du mal lieber auf, dass du wenigstens noch einen Zahn in die Rente rettest!« Dann kam der Lehrer. »Buona sera, boys a ända olda boy! Jetzta wira gukkenna Loopa-Video, zu erkennnena wichtige Essentielle!« Los ging's, und ein Feuerwerk an Flachwasserloops flimmerte der Truppe über die Netzhaut. »Alasso«, fragte der Instruktor, »wassa ista wichtig?« »Fpeed!«, meinte der erste Zahnlose. »Richtig abdrücken, Beine anfiehen und Kopf nach unten, fff«, meinten andere. »Giusto! Alasso: Speeda issa logisch, si? Aba danna, Welle kommt, danna abdrückenna mitta hintere Fußa, danna Fußa anziehenna, Riggaa ranna und danna buon giorno – ah – Kopf nickenna, guttena Taag. Das ista alless.« »Was?«, fragte Ewald, »mit dem Fuß abdrücken und anziehen?« »Si!« »Wie denn, was denn? Beides gleichzeitig?« »Si! Unda Rigga ran!« »Und dann mit dem Kopf nicken? Also das Kinn auf die Brust, oder was?« »Si, bravo. Genauso, sagen Gutenna Taag und nicken die Kopfa.«

Nicht nur Ewald, auch die anderen hatten damit ihre Probleme. Wen wundert's, so oft wie die mit der Birne auf den Gabelbaum geknallt waren ... Aber der Instruttore beruhigte sie: »Attentione bitte, jetzta wir trainierenna alle zusammna und sprekken tutti die Loopa. Alasso bitte!« 13 verwirrte Gestalten skandierten im Chor: »Abdrücken, anziehen und Rigga ran, guten Taag, abdrücken, anziehen und Rigga ran, guten Taag!« Man muss sich vorstellen, jetzt käme ein Fremder zur Tür herein. Einige der Weichgeklopften kriegten es aber trotzdem nicht auf die Reihe. Die Schläge vom Gabelbaum mussten wohl ihr Kurzzeitgedächtnis pulverisiert haben. Deshalb lud der Lehrer alle an die Hotelbar ein. »Hier, alle bitte setzenna auf eine Hocker wie Trapezio. Danna Arme voor unda los!« »Abdrücken, anziehen und Rigga ran, guten Taag! Abdrücken, anziehen und Rigga ran, guten Taag!«, brüllten wir immer wieder, und nach dem dritten Cuba Libre knallten die Ersten mit halber Loop-Drehung vom Hocker auf den Steinboden. »Bravo, bravo, das schon halbe Loopa!«

Die nächsten Tage verbrachte Ewald wirbelnd, tauchend und Wasser schluckend im Lago. Abends rieb er Salbe auf seinen malträtierten Körper und morgens beim Vento wirbelte er wieder und wieder. Und tatsächlich, nach fünf Tagen hatte Ewald den Loop drauf. Voll cool.

Wieder am Hausrevier, mischte sich Ewald ganz unverschämt am Jugendstrand unters Surfvolk, baute auf und zog los. Er drehte sich wie ein Propeller, feuerte einen Loop nach dem anderen ab und kreiselte sogar lässig über ein Ruderboot. Aber als er an Land ging, klopfte ihm kein Schwein auf die Schulter, niemand sagte: »Eh, geil, Alter!« Nichts passierte! Das konnte Ewald nun echt nicht mehr begreifen und raste nach Hause, um seinen Sprössling zu interviewen. »Was hast du gemacht? Du bist Loops gesprungen?« »Klar, 25 Stück. Cool, was?« »Loops und cool?« »Logisch! Cool!« »Quatsch, Loops sind voll uncool. Du bist nicht auf dem Laufenden. Seit einer Woche sind Wenden cool. Stinknormale Wenden – einfach voll cool!«

Liebe mit Hoch und Tief

Der gemeine Surfer geht, wie Hans Sparer in einer Privatstudie über das Kaufverhalten seiner Sportkameraden erforscht hatte, nur in den Shop, wenn die Sonne scheint, also bei Hochdruck. Wenn atlantische Tiefs über die Republik donnern und Thermometer und Barometer von der Wand fallen, bleiben die Shops leer. Die Besitzer wiederum drückt dann der finanzielle Schuh im Geldbeutel, und sie reduzieren die Ware. Deshalb düste dieser Hans also bei 9 Grad und Dauerregen in den Shop. Schon seit geraumer Zeit hatte er nämlich das eine oder andere Auge auf ein Naish-Board geworfen. Für 2600 Möpse war es ihm aber zu teuer und so hoffte er auf eine meteorologisch bedingte Preissenkung.

»So ein Mistwetter«, schimpfte Hans Sparer, als er im Shop etwa zwei Liter Regenwasser von seinen Klamotten auf nagelneue Sweatshirts schüttelte.

»Mein großes Barometer is oben, sehen Sie«, meinte der Shopchef. »Kann nicht sein – ah, was kostet denn das Naish jetzt?« »Zwosechs!« »Was? Bei 920 Hektopascal?!?« Hans hatte sich ein Limit von 1900 gesetzt. Ein Paar Tage Regen würden den Preis schon noch nach unten drücken, dachte er, »dann geh ich mal wieder.«

»Vielleicht einen Regenschirm, bei dem Wetter?«

»Keine üble Idee, kann man ja immer brauchen.«

Und so schritt Hans, etwas verwirrt über den Fehlschlag seiner Analyse, aber mit neuem Schirm zu seinem Auto, wo bereits die nächste Überraschung in Gestalt einer jungen, unglaublich drallen Politesse auf ihn wartete. Mit einem hübschen »Klatsch« knallte sie ihm einen Strafzettel wegen Falschparkens unter den Scheibenwischer.

»Hallo, hallo – ich war doch nur fünf Minuten ...« »Das sagen alle«, meinte sie lächelnd.

Hans Sparer war verwirrt. Er steckte den Wisch ein, fuhr nach Hause und nahm sich noch mal seine Kaufanalyse vor. »Na bitte, in den letzten 16 Jahren sanken die Preise bei weniger als zehn Grad und Regen um bis zu 25 Prozent! Da kann der Kerl seinen Preis einfach nicht halten – und dann noch das Ticket ...« Bei dem Wort Ticket sah Hans viele rote Herzchen vor seinen Augen tanzen. Hübsch war sie, diese Politesse, ausgesprochen hübsch ...

Es regnete weiter. Drei Tage später fuhr Hans wieder zum Shop. Sein Wagen steuerte wie von selbst das Halteverbot an. Im Shop zog er seine Untersuchung raus. »Da, sehen Sie mal. Alles wissenschaftlich erforscht, das Naish-Board darf jetzt höchstens noch 2100 kosten!«

»Blödsinn«, antwortete der Shopbesitzer, »sehen Sie doch mal auf mein Barometer, voll oben.«

In diesem Augenblick pirschte sich draußen die Politesse an Hans' Auto und verdrängte das Naish-Board aus seinem Großhirn. »Ah, haben Sie vielleicht was Nettes für eine junge Dame?«, fragte Hans süßlich.

»Natürlich, ein super Damentrapez, nehmen Sie Medium, passt immer.« Und Hans kaufte es.

»Ich glaube, Sie parken absichtlich falsch«, flötete die Politesse und Hans war hin und weg. »Ja, nein, nein, ah jein ...«, stotterte er und spürte, wie ihm das Blut in den Kopf schoss. Er grabschte das Ticket und fuhr los. »Ich hätte sie nach ihrem Namen fragen sollen, und das Trapez hab ich auch vergessen ...«, dann holte er das Ticket vor und fand darin drei süße rote Gummibärchen! »Na also, die steht auf mich.«

Tags drauf, es regnete immer noch, war Hans wieder im Shop. »Hier, sehen Sie her«, sagte er, »ich habe mein Barometer mitgebracht. Voll auf Tief, tiefer geht's nicht. Gehen Sie endlich mit dem Preis runter!« »Bei mir steht's auf Hoch. 2600, der Preis bleibt! Aber wie wär's mit Füßlingen? Das Wasser wird kalt sein nach dem Regen.« »Okay, Größe 36!«

Hans zahlte, klemmte die Füßlinge unter den Scheibenwischer und wartete auf die Politesse. Zehn Minuten später hatte er sein Ticket. »Vielen Dank«, sagte er beim Aussteigen. »Gern geschehen. Na, wie waren die Gummibärchen?«, sagte sie. »Ah, keine Ahnung, ich hab vor lauter Aufregung das Ticket gegessen. War gar nicht mal so übel. Die Gummistrümpfe sind übrigens für Sie. Bei dem Sauwetter holen Sie sich sonst noch einen Schnupfen.« »Ach, Sie wissen aber, was Frauen anmacht.« »Klar – aber nicht essen, ja?«

Von nun an fuhr Hans jeden Tag ins Halteverbot vor dem Shop. Er war verknallt in eine Politesse. Kaum zu glauben. Während er auf sie wartete, ging er in den Laden, den Naish-Preis kontrollieren. Und jedes Mal kaufte er seiner Politesse eine nette Kleinigkeit. Mal ein Finnenschräubchen, mal einen Mastfußadapter, einen Dachgepäckträger, eine Gewichtsweste, eben alles, wonach Frauen verrückt sind.

»Das kann ich leider nicht annehmen. Sie glauben wohl, dass Sie damit um den Strafzettel herumkommen, was?« »I wo, ich möchte mich nur für die Broschüre über die Punkteregelung in Flensburg und das Merkblatt über Führerscheinentzug bei Wiederholungstätern bedanken, die Sie mir in die Tickets gelegt haben. Ach übrigens, was machen Sie denn so, wenn Sie nicht gerade Strafzettel verteilen? Am Wochenende?« »Einen Surfkurs.« »Was? Das können Sie doch von mir lernen!«, rief er ihr nach. »Am Samstag, ja?« »Vielleicht?!?«

Hans' Barometernadel hatte den Anschlag auf der Tief-Seite durchbrochen, und auf dem Naish-Board prangte immer noch zwosechs. Aussichtslos. Er schrieb das Naish für diese Saison ab und kaufte einen Damenneopren und ein Anfängerrigg für den Privatkurs mit seiner Uniformierten.

Um wenigstens das Wochenende mit der Politesse zu retten, fuhr er am darauffolgenden Freitag bei rasant steigendem Luftdruck und Sonnenschein zum Shop und parkte sicherheitshalber mitten auf dem Gehweg. Dann zischte er in den Laden und besorgte schnell noch Startschot, Sweatshirt, Handtuch, Sandalen in 36 und ein Lehrbuch. »Na, wie wär's jetzt mit dem Naish?«, fragte der Besitzer. »Ist auf 1900 reduziert!« »Was? Wie viel?« »1900.« »Sie sind gut, meine ganze Kohle ist für Damenausrüstung draufgegangen, jetzt hab ich nichts mehr für das Brett! Ach übrigens, wie steht denn Ihr Barometer heute?«

»Auf Tiiief.« »Was?!« »Klar, auf Tiefpreis.« »Was heißt das?« »Na sehen Sie mal genau hin, da steht drüber: ›Preisbarometer‹, da stell ich immer die Preissituation ein, damit sich die Kunden orientieren können.«

Zermürbt schlich Hans aus dem Shop und musste mit Entsetzen feststellen, dass ein Abschleppwagen gerade sein Auto an den Haken nahm. Seine Politesse stand daneben und zwinkerte ihm zu. »Das gibt's doch nicht!«, brüllte Hans entnervt. »Doch, doch«, sagte da ein junger Typ zu ihm. »Sei'n Sie froh, dass diese Politesse Sie nur abschleppen lässt. Was glauben Sie, was mir bei der letzten Schlechtwetterperiode passiert ist. Diese Politesse, erst hat sie mir 'n Ticket verpasst, dann schöne Augen gemacht, Gummibärchen geschenkt, was vom Windsurfen gefaselt. Ich voll auf sie abgefahren, bin wie 'n Idiot jeden Tag hierher gezischt, hab falsch geparkt und dann den Shop leer gekauft. Lauter Damensachen, die ich nicht brauchte. Bis ich draufgekommen bin, dass sie die Schwester vom Shopbesitzer ist. Mit dieser Tour machen die beiden ihr Geschäft. Sie mit Tickets und er verkauft bei Sauwetter wie Schwein. Mann, war ich ein Idiot!«

»Aber echt«, sagte Hans, »so was könnte mir ja nicht passieren!«

WO WERDE ICH GEHOLFEN?

Herbert Zapf war stocksauer. Da geht man jahrelang zum Windsurfen, blecht dafür wie ein Bekloppter und dann turnen diese Lümmel in den Magazinen an den besten Spots rum und stecken dafür auch noch das große Geld ein. Eine himmelschreiende Ungerechtigkeit war das. Aber so was konnte man mit Herbert Zapf nicht machen. Er fasste einen Entschluss: »Ich besorge mir jetzt auch finanzielle Hilfe! Alles, was ich brauche, ist ein Sponsor, dem ich die Kohle aus der Tasche ziehe, und schon ist mein Profi-Dauersurftrip gebongt!«

»Vielleicht solltest du erst mal klein anfangen und bei uns im Ort nach einem Sponsor suchen«, meinte Herberts Freund Charly und Herbert überlegte, wer denn in diesen Zeiten überhaupt noch Geld hatte. Die Lösung war bald gefunden und schon am nächsten Tag machte Herbert dem Bestattungsunternehmen »Seelenfrieden« seine Aufwartung. »Windsurfsponsoring?«, fragte der klapprige, schwarz gekleidete Herr sichtlich desorientiert, »mit Ihnen?« »Klar, Ihr Geschäft geht doch prima, ich meine, irgendwie läuft das doch immer.« »Und wie haben Sie sich das vorgestellt?« »Naja, gegen einen monatlichen Obolus klebe ich einen Sticker in mein Segel und Sie stellen ein Poster von mir ins Fenster, mit einem Mordsspruch drauf – vielleicht: ›Surf now – die later‹ oder: ›Surfen Sie ruhig – wir kümmern uns um den Rest‹.« Der Schwarzberockte war davon wenig begeistert und bugsierte Herbert mit einem nicht unbedingt wörtlich gemeinten »Auf Wiedersehen« zur Tür hinaus.

»Du musst dem Sponsor schon was zeigen, wenn du Kohle von ihm willst«, sagte Charly, »Fotos zum Beispiel.« »Ein Album hab ich, da sind die Urlaubsbilder von Kreta drin.« »Doch nicht die, wo du besoffen an dieser Stationsleiterin rumschraubst?!?« »Klar, is doch ein irres Image.« »Surfbilder wären besser.« »Hmm, da bin ich aber nur so winzig klein drauf wie'n Fliegenschiss zu sehen, ewig weit draußen.« »Vielleicht kann da ein Grafiker was machen – mal probieren.«

Der Gestalter, den Charly organisierte, hatte klare Vorstellungen: »6000 für mich plus 2000 an den Buchbinder für 'nen 16-Seiter, bei Vorkasse.« »Das ist ja geschenkt«, sagte Herbert, »wenn man bedenkt, was ein Bürohaus in Berlin kostet«, und meinte, er wolle sich die Geschichte trotzdem noch überlegen.

Jetzt musste also die Eichelsche Sparvariante her, was so viel bedeutete wie Charlys Digitalkamera und das Hausrevier. Gott sei Dank kam gegen Abend genug Wind für das Shooting am See auf und die beiden bekamen ein paar ordentliche unterbelichtete Bilder in den Kasten. Charly sammelte sogar noch zehn Rentner zusammen, die sich für einen Kasten Pils als jubelnde Zuschauer ablichten ließen. Zu Hause brannte er dann alles auf eine CD. »Soo«, sagte er, »so sieht eine moderne Präsentation aus. Aber irgendwie müsstest du noch mehr bieten.« »Was denn?«, fragte Herbert. »Irgendwas Besonderes, was Irres.« Herbert überlegte, »ich könnte mir so ein Gebiss machen lassen wie der Talma oder was mit den Haaren.« »Ja, 'ne Frisur wie Josh Stone.« »Oder wie Bernd Flessner, bei dem reicht zum Frisieren ein Lappen!« »Wenn wir nur schon eine Firma im Auge hätten, dann könntest du dir das Firmenlogo auf den Hintern tätowieren lassen, wie der Prior, oder noch besser – Branding, das wäre mal was Neues, so ein frisches, knuspriges Brandzeichen auf der Backe, das hat keiner!« »Und wenn ich den Sponsor wechsle?« »Dann lässt du die Hose eben an.« »So ein Blödsinn«, meckerte Herbert, »als Nächstes schlägst du noch ne Amputation vor oder dass ich mir ein Ohr absäble.« »Gab's schon mal«, sagte Charly, »hat auch nix gebracht.«

So einfach schien das mit dem Selbstmarketing nicht zu sein. Was blieb also übrig? Auffallen, auffallen um jeden Preis! Die Firmen reißen sich doch um Leute, die man aus dem Fernsehen und der Regenbogenpresse kennt. Und so planten Herbert und Charly eine sensationelle, dreistufige Aktionsstrategie, der unter Garantie kein potenzieller Sponsor widerstehen konnte.

Schon am nächsten Morgen startete Aktion 1. Punkt 8.30 Uhr

riggte Herbert Zapf auf. Aber nicht irgendwo, sondern mitten auf dem Rathausplatz, um anschließend im dortigen Brunnen zu tricksen. Kaum hatte er losgelegt, war schon die Presse mit Kamera und Stift zur Stelle und tags darauf war Herbert tatsächlich in sämtlichen Regionalblättern zu sehen. Ein voller Erfolg, bis auf den kleinen Ausrutscher in der Bildunterschrift: »Surfstuntman Hubert Zupf auf Spurensuche.« Provinzleistung.

Zwei Tage später startete Aktion 2. Von einem Stammtischbruder hatte Herbert einen 18-Tonnen-Lkw organisiert. Er legte die Ladefläche mit Teichfolie aus und füllte sie mit Wasser. Im Schritttempo ging's dann 80 km weit in die Großstadt, zu einer Grünanlage am Fluss. Dort bestieg er sein Brett auf der gefluteten Ladefläche. Und als Charly den Kippmechanismus auslöste, rauschte er auf seiner transportablen Einwegwelle zwischen Bäumen und Sträuchern, vorbei an TV- und Presseteams die Uferböschung hinunter und landete mit einem respektablen Satz mitten im Fluss. Diese Nummer brachte Herbert einen gewaltigen Popularitätsschub und wurde nur noch von Aktion 3 übertroffen, die am folgenden Wochenende unter aufmerksamer Beobachtung sämtlicher Medien ablief.

Entspannt glitt Herbert Zapf auf seinem Freerider über das Hausrevier, als 200 Meter über ihm aus einem Heißluftballon ein Bungeeseil mit einem 100-kg-Gewicht abgeworfen wurde. Herbert schnappte sich die gespannte Strippe, rastete seinen Trapezhaken ein, klinkte das Gewicht aus und schoss mit einem Höllenspeed ab in die Wolken. Sensationell!

Alle möglichen Firmen waren jetzt wie wild hinter Herbert her. Doch nach jedem persönlichen Gespräch bekam er schriftlich eine standardisierte Absage. Und so blieb als letzter Interessent nur noch ein Hip-Hop-TV-Sender übrig. Aber auch dort schüttelte der Marketingtyp den Kopf. »Aber ich hab doch alles«, sagte Herbert, »Titelfotos, Reportagen, Fernsehen! Woran liegt's denn?« »Am Timing«, sagte der Manager. »Am Timing?« »Ja, vor 30 Jahren hätte ich Sie sofort gesponsert.« »Wieso vor 30 Jahren?« »Ganz einfach, Herr Zapf, weil Sie damals erst 23 waren!«

Kinder, Kinder ...

Jeder wird älter – sogar Windsurfer. Früher oder später zwingt sie dann ein erbarmungsloses Schicksal dazu, ihren alten Golf gegen einen praktischen Familien-Van einzutauschen, weil sie inzwischen verheiratet sind und mindestens ein Kind haben. Dann nehmen auch die wunderbaren Stunden auf dem Wasser in dem Maße ab, wie die Anzahl der übel riechenden Windeln des Nachwuchses zunimmt, und oft genug muss man mit ansehen, wie solche Burschen an windigen Wochenenden in der Garage stehen und mit feuchten Augen zärtlich ihr brachliegendes Material streicheln.

»Wenn der Kleine größer ist, wird's wieder besser«, dachte auch Heiner Lipschitz, und als Lipschitz Jr. so etwa zwei Jahre alt war, klappte das mit dem Surfen auch wieder ganz hervorragend. War das nicht süß, wie er da am Ufer mit Steinchen, Zigarettenstummeln, toten Fischen und allerhand anderen unaussprechlichen Sachen spielte? Schon ein Jahr später stellte er sich auf Heiners Surfbrett, wenn es am Strand lag, und ruinierte die Finne. Mit vier Jahren konnte er schon alleine den Schothorntampen lösen, wenn Papi das Segel ans Wasser trug, und mit sechs Jahren schließlich hatte sich Lipschitz Jr., genannt Heinzi, endgültig entschieden: »Ich will surfen!«, sagte er und meinte es auch so.

»Schwimmen kann er ja«, meinte Heiner, »man könnte den alten 320er hinten dranhängen, so wie diese Fahrradanhänger ...« Gesagt, getan. Heinzi nahm Platz, und Heiner holte dicht. »Achtung«, rief Heiner in der Seemitte, »wir halsen!«, und sah sich nach seinem Sprössling um. Aber das Brett war leer, kein Heinzi! Katastrophe! Dann aber hörte er das vertraute Brüllen seines Sohnes. Er stand am Strand und brüllte üble Schimpfwörter, weil er nämlich schon beim Losfahren rückwärts über Bord gegangen war.

Beim zweiten Versuch klappte es besser, bis Heinzi nach 20 Metern zum Bug rutschte, das Brett zu tauchen begann und

die Verbindungsleine sich spannte wie eine Bogensehne. Mit einem »Plopp« verabschiedete sich die Abschleppöse aus dem Laminat und knallte mit voller Wucht auf Heiners Hinterkopf.
»Ich will mit auf deinem Brett surfen!«, quengelte Heinzi. »Aber mein Brett ist zu klein.« »Kauf ein größeres!« »Zu teuer.« »Ich will aber!« »Mami bringt mich um, unmöglich, ausgeschlossen, niemals!«
Das neue, große Leichtwindbrett war ideal. Heinzi konnte sich zwischen die Beine seines Papas stellen und ab ging's. Doch nach fünf Minuten fror der Kleine. »Ich will einen Neopren!« »Aber Heinzi ...« »Ich will einen!« »Das kostet zu viel – das geht nicht.«
Im neuen Gummianzug sah Heinzi einfach toll aus. Das sahen auch Heiners Kumpels so, die ebenfalls Kinder hatten, und sie schlugen vor, nach etwas Training eine Vater-Kind-Regatta zu veranstalten. »Die werden wir gewinnen!«, beschloss Heiner. Jedes Paar zahlte Startgebühr und man kaufte davon drei Preise: ein Wavesegel, einen Kohlemast und eine Slalomfinne!
Beim nächsten Training maulte Heinzi schon wieder. »Das Segel ist echt langweilig, mal's doch an.« »Was? Das hat 700 Euro gekostet, nix da.« »Dann fahr ich nicht mit.« »Heinzi! – Na meinetwegen.« Mit lustigen Pokemon-Figuren stachen sie am nächsten Tag in See. Heiner hatte auch noch das Brett bepinselt und die Masttasche ausgeschnitten, um einen zweiten, tiefer sitzenden Gabelbaum zu montieren. Zusätzlich saßen auf dem neuen Brett auch noch vier Kinderfußschlaufen. Mit dem so getunten Board schossen beide über den See. »Aaachtung, Wende!«, rief Heiner. »Wende is Kacke, Halseee!«, schrie Heinzi und trat die Leekante. Sie gingen Vollgas in die Kurve und räumten dabei einen Kitesurfer vom Brett. »Nicht so schlimm«, meinte der, »ich hab immer meinen Sohn oben im Kite hängen, damit er das Ding im Wasser wieder ausrichten kann!«
Überall auf dem See konnte man jetzt Väter mit ihren Kindern beim Training sehen, und Heiner meinte, »komm wir schnappen uns die da vorne.« »Gib Gas, Papi – die versägen wir!«, rief Heinzi adrenaliert. »Na los, schneller«, schrie er und

pumpte an seiner Minigabel, bis sie vorbei waren. »Geil – und: Halseee!« Jetzt übernahm der Kleine das Kommando. Die Halsen wurden immer enger, der Speed größer, und Heinzi zog an jeder kleinen Welle ab in die Luft – und sein Vater musste mit. »So gewinnen wir sicher«, sagte Heiner freudig, »ich hab noch nie was gewonnen, ich muss einfach gewinnen!«

»Ich will alleine surfen!«, konstatierte Heinzi. Und weil Heiner konsequent war, kaufte er Board und Rigg für den Filius. In zwei Tagen erlernte der kleine Seemann wie nichts Willy Skipper und Duck Jibe, und über die Heckwelle eines Ausflugsdampfers drehte er so ganz nebenbei seinen ersten Frontloop. Jetzt hatte Heiner keinerlei Zweifel mehr am Sieg, es sei denn, er würde patzen …

Dann kam der große Tag. Der Parkplatz am See war brechend voll, nervöse Väter riggten auf, freche Kinder rannten herum, hysterische Mütter kreischten – nur Heinzi lag dösend am Strand. »Was ist?«, fragte Heiner, »die Regatta geht gleich los!« »Ich fahr nicht mit«, meinte Heinzi lasch. »Waaas?!?« »Nö, surfen kann ich ja schon – jetzt will ich wakeboarden!« »Jetzt wird gesurft und gewonnen, verstanden!?« »Ich will wakeboarden!«, schrie der Kleine trotzig. »Aus!« »Also gut, du kriegst deinen Wakeboardkurs, aber jetzt komm!« »Alle mal herhören«, plärrte Heinzi in die Runde, »ich krieg einen Wakeboardkurs!!« Jetzt wollten die anderen Kids auch wakeboarden und bestreikten ebenfalls die Regatta. Die nachfolgenden Schlichtungsgespräche zogen sich bis zur Dämmerung hin und man beschloss deshalb, die Vater-Kind-Regatta abzublasen und in einen Wakeboard-Contest für die Kids umzuwandeln. Die Preise wurden unter den Vätern ausgelost und durch einen glücklichen Zufall zog Heiner den dritten Preis, die Slalomfinne. Endlich hatte er mal was gewonnen. Eine Finne für Tuttlebox – und er, er hatte Powerbox.

ALDI-BOARDS ALL-INCLUSIVE

Erbarmungslos brannte die Sonne auf den Waschbrettbauch des Marketingstrategen Ferdy von Meier-Dietzendorff. Hier am Strand der »DomRep« erholte er sich von seinen letzten großen Coups: dem elektrischen Rasierapparat mit Handyfunktion, mit dem man wichtige Telefonate gleich beim Rasieren erledigen kann, und dem Klorollenhalter mit Internetanschluss. Ferdy hatte es tatsächlich geschafft, beide Produkte zu Verkaufsschlagern zu machen. Er suchte, fand und kreierte kaufkräftige Märkte für diesen Quatsch.

Doch trotz seines Erfolges konnte Ferdy nicht abschalten. Sein Hirn machte sich selbstständig und hielt mithilfe von Augen und Ohren Ausschau nach Sachen, die sich irgendwann irgendwie vermarkten ließen. Und so verfolgten seine Lauscher auch das Gespräch der fränkischen Liegestuhlnachbarn.

»Weißt du was, Hebbert?«, sagte der eine, »der Oll-Ingluusif-Quatsch geht mir auf'n Zeiger.« »Waas?!«, presste der andere mit einer ordentlichen Cuba-Libre-Fahne durch seine Zahnlücken, »is doch Glasse, Hubbert, fett am Strand rumliechen, 14 Daach Ingluusif-Goggdails schlurfen bis zum Umkippen, Ingluusif-Zigarrettn rauchen un sich von dene Neche bediene lass!« »Gschmarre, normal du ich doch gar net rauche, un nur rumlieche un bediene lasse is stinklangweilich. Ich mein, ma könnt im Urlaub ja auch amol was selber mache – und daheem am Wochenend aach!« »Ja, aber warum selbermachen, un waas??«, fragte die Zahnlücke verständnislos. »Ich kauf mir ä Windsurfbrettla und wer wieder agdiff. Ja, agdiff statt ingluusiff!«

Windsurfen! Das war es! Ferdy fiel es wie Schuppen aus den Haaren. Ein Windsurf-Relaunch mit anschließendem Reboom!! Ein Produkt, das man selber herstellen und vermarkten konnte. Da war die ganz große Kohle drin! Und die All-Inclusive-Leute waren die Zielgruppe. Man musste nur ein Brett entwickeln, das genau zu ihnen passte. Ein All-Inclusive-Board, billig und mit allem Drum und Dran!

Natürlich reiste Ferdy noch am selben Tag ab, um zu Hause eine Marke mit dem Namen »AP-Boards« zu gründen. Die Nähe zu »A&P« signalisierte gleich: *Aha, eeeein Schnäppchen!* Statt teure Werbeseiten zu buchen, zog er alle PR-Register. In sämtlichen Frauen-, Familien- und Autozubehörzeitschriften lancierte er redaktionell, und damit gratis, seinen selbst verfassten Testbericht des AP-Boards, das man ab 2. Mai, 8 Uhr, bei jedem Aldi kriegen sollte. Jetzt musste nur noch das Brett her, und wenn möglich, möglichst billig.

»Tach, ist dort die Kunststoff-Fachhochschule, Abteilung Sandwichblasen?«, fragte Ferdy am Telefon. »Ja, wen hätten S' denn gern?« »Den Assistenten Olli Natsciu.« Dieser Olli Natsciu, hatte Ferdy erfahren, war angeblich der Sohn des sagenumwobenen rumänischstämmigen Ursurfers, der seinerzeit am Bau des ersten deutschen Funboards beteiligt gewesen sein sollte. Er brachte also sowohl ererbten Pioniersurfinstinkt als auch modernes Hightech-Plastikwissen mit. Und bestimmt würde er sein kümmerliches Gehalt gern ein wenig aufbessern.

So entstand holterdiepolter in Ferdys Keller der erste und einzige Prototyp. Schade nur, dass sie das fertige Gerät nicht an die Erdoberfläche befördern konnten. Mit 2,80 Meter Länge und 72 Zentimetern Breite passte es nämlich weder um die Ecke der Kellertreppe noch durchs Fenster. Olli brach weinend zusammen. Aber Ferdy griff eiskalt zur Säge und kürzte Bug und Heck rechtwinklig um jeweils 5 Zentimeter. »Schau, Olli, das nennen wir ›Double-Tip‹. Idealer Marketingaufhänger. Hat keiner, sieht geil aus und kommt endlich aus dem Keller!« Nun musste nur noch die Massenproduktion finanziert werden.

»Klar, eine einmalige Gelegenheit, Vater«, schwärmte Ferdy am Telefon, »ein geschlossener Fonds mit 50 Prozent Gewinnbeteiligung, steuerlich absetzbar. Onkel Willi, Tante Martha und Großvater haben schon gezeichnet. Leichter kann man sein Geld nicht verdienen.«

Die Finanzierung lief wie geschmiert. Drei Tage später eröffnete Ferdy die AP-Produktion in einem ehemaligen Heustadl bei Innsbruck. Riggs besorgte er sich via Internet aus Nordkorea und überschwemmte pünktlich am 2. Mai den Markt mit All-Inclusive-Boards inklusive Torbole-Wochenende für sagenhafte 500 Euro.

Schon am Erstverkaufstag wurden 100 Prozent der Produktion verkauft. *Beide* Boards gingen weg wie warme Semmeln. Als Ferdy gerade den Börsengang seines Unternehmens plante, klingelten vier nadelgestreifte Herren als Abordnung des Branchenriesen und legten ihm ein Übernahmeangebot auf den Tisch, das er einfach nicht ablehnen konnte. Neben ihrer Nobelmarke und ihrer Mainstreamreihe fehlte ihnen noch so etwas wie Ferdys Produkt in den Regalen. Es kam, wie es kommen musste, und die AP-Boards gelangten nach nur fünf Minuten Verhandlungszeit unter das Dach der Mutterfirma »Neekobs« und Ferdy wurde Geschäftsführer seiner eigenen Marke. Von nun an hetzte er im dicken Firmenwagen von Termin zu Termin. Deshalb bekam er gar nicht mit, dass die AP-Produktion nach Thailand verlegt worden war und die Marketingabteilung der Muttergesellschaft seine Marke völlig ummodelte und schließlich in der Hightech-Ecke platzierte. Alle Boards wurden mit einem GPS-Satellitennavigationssystem ausgerüstet, das jede Minute ein Standortsignal sendete. Mit den Zehen konnten selbst in der Halse Tasten an Deck bedient werden, um SMS-Nachrichten abzuschicken. Man hatte seine geniale Marketingidee also völlig umgeschmissen. Der Riese hatte die Konkurrenzidee brutal weggekauft. Das war zu viel! Ferdy kündigte, sackte sein Abschiedssümmchen ein und machte sich auf in den Süden, um eine Rachestrategie zu konzipieren.

Im Flieger nach Mallorca wurden gerade die ersten Drinks serviert, als Ferdy hinter sich zwei bekannte fränkische Stimmen hörte: »Wie is jetzt des gewesn mit dem Surfen, Hubbert?« »Mist, mei Alde hat mir so ä All-Ingluusif Highdeck-Brett la mit Saddeliddennavigationssystem zum Geburtsdooch gschenkt. Grod des letzte von 20 000 Stück musse erwische«. »Subber!« »Ja nix, die hod sich an Empfänger dazukaafd un hod jedes Mol genau gwussd, wenn ich bei uns am See in der Buchd bei den naggerdn jungen Weibern gwesn bin! Un jetzt muss ich ausgerechnet beim Kechelglubb-Mallorga-Wochenend *ingluusif* meiner Aldn mitfahr.«»Des is bidder!«»Pschschd, se kommt vom Klo zurügg ...«

BINGO! – machte es bei Ferdy. Er hatte eine Idee, die mindestens so gut war, wie ein Überraschungsei: Marketingcoups, Kohle und Rache. Deshalb konnte er auch nicht bis morgen warten und zwang den Piloten zur sofortigen Umkehr nach Hause. Tags darauf gründete er, von seiner Gefängniszelle aus, eine Vertriebsfirma, die einerseits den Frauen der verheirateten AP-Surfer Empfänger zur weltweiten Kontrolle ihrer Angetrauten verscherbelte, andererseits aber den Herren Spezialchips anbot. Chips für das Board-Navigationssystem, die jedes Surfrevier auf dem Globus simulieren konnten, während man selbst vielleicht ganz woanders »surfte«. Das Geschäft boomte! Und als ihm ein Unterhändler des Branchenriesen ein Kaufangebot überbrachte, schlug er diesen k.o., zog dessen Nadelstreifen an und entkam so aus dem Knast. Angeblich lebt er heute als Milliardär unter falschem Namen in einem Dorf irgendwo in Franken.

Freeride Volcans am Gagasee

»Früher war alles wischiwaschi«, sagte der Bayer Franz Muckenmeier zu dem Burschen, der sich gerade an seinen Tisch in der kleinen Kneipe am Gagasee setzte. »Heute weiß man, wohin man gehört: Racer, Freizeitsurfer, Wellenschlitzer, Slalomheizer, Camberfuzzy oder Weichprofiler, in XL oder S.«

»Und«, fragte sein Gegenüber, welcher sich als Niedersachse Horst Schnippenkötter vorstellte, »wie surfst du denn so?« »Ich zieh bei sechs Windstärken das 7,2er auf, nehm meinen 310er und fliege los, die Sonne putzen. Das ist Freiheit.« »Um Gottes Willen, dann bist du ein Freerider!« »Und?« »Einer von den Typen, die nur geradeaus fahren können, die man dutzendweise vom Felsen abkratzen kann. Bei jeder Halse fliegen sie in den Bach und fummeln dann an den Trapeztampen rum, als hätten die Schuld, dass sie zu dämlich für ein Manöver sind.«

»Ööha«, sagte Franz, »und was ist mit dir?« »Ich bin Freestyler«, meinte Horst stolz. »Aha, so ein Segelfuchtler, der bei 2 Beaufort auf dem Brett herumspringt, wie auf glühenden Kohlen!« »Boaa!«

»Vielleicht treffen wir uns mal auf dem Wasser, dann werden wir ja sehen, was los ist«, sagte Franz. »Genau«, antwortete Horst genervt, »dann zeig ich dir, wo der Hammer hängt, du Einbahngurgler!« »Veitstänzer!«

Am nächsten Morgen war Franz Muckenmeier mit seinem 6,5er bei schlappem Vento von 3 bis 4 Beaufort am Nordende des Gagasees »losgeflogen«. Und da er noch weit von der westlichen Felswand entfernt war, vor der er immer den Satz: »Mist, gleich lieg ich im Wasser«, murmelte, sprudelte das übergeile Freeride-Feeling aus seinem Hals. »I'm free!«, schrie er, »I'm sooo free!«, und fühlte sich dabei in Verdrängerfahrt so free wie ehedem Easy Rider Jack Nicholson auf der Sissy Bar von Peter Fonda. Doch Zustände dieser Art halten meist nicht lange an. Irgendwann musste Franz halsen. Also tat er es und fummelte anschließend schwimmend an seinen Trapeztampen. Dem Carabiniere auf dem Polizeikutter war das allerdings egal. Er meinte nur: »Si, si, du sehr freie, auch free vonna Swimmaweste. Machta 100 € Strafe! Komma, einasteigenna!«

Zur selben Zeit vulkanisierte Horst Schnippenkötter etwas weiter südlich vor einem Hotelstrand einige Jibes wie ein durchgedrehter Küchenquirl. Sein Brett lag circa 20 Zentimeter auf Tauchstation und der Wind hämmerte mit satten 2 Beaufort in die kleine Bucht. Weiter draußen war mehr Wind, aber er konnte nun mal ums Verrecken keine 100 Meter mehr geradeaus fahren. Spätestens nach 60 Metern bewegte sich sein Körper einfach von selbst und legte irgendein beängstigendes Manöver hin. Doch er wollte die 3-Beaufort-Zone unbedingt erreichen. Aus Angst, dass sich bei diesem Wahnsinnsschlag auf nur einem Bug sein Segel einseitig abnützen würde, suchte er nach einer Lösung und fand sie auch: Nach 50 Metern schiftete er das Segel auf Clew First und drehte das Boardheck in Fahrtrichtung. So behielt er sein Freestyle-Image und schaffte tatsächlich die ganzen 100 Meter. Aber noch nie hatte er sich so weit von der jubelnden Menge am Hotelstrand entfernt. Das war hier fremdes Territorium. Innerhalb von Sekunden bekam er richtiges Muffensausen, dann handfeste Panik. Schließlich wusste er sogar nicht mehr, wo er war, und irrte hilflos auf der riesigen Wasserfläche umher. Gut, dass die Carabinieri mit ihrem Schiffchen unterwegs waren und den verstörten Manöver-Rastelli an Bord zerrten. »Grazie«, stöhnte Horst. »Grazie a te«, meinte der Ordnungshüter, »Rettung vonna Surfbrüchigenna kostenna 130 Euro!«

Noch bevor sich Horst richtig ärgern konnte, entdeckte er Franz in der kleinen Kajüte. »Ha! Was tust du denn hier?« »Stell dir vor, die haben mich wegen Geschwindigkeitsübertretung verhaftet, können's wohl nicht verkraften, wenn sich ein Freerider die Freiheit nimmt, sie bei Vollgas zu überholen! Und was ist mit dir?« »Ah – mit mir? Ja, ich hab ein neues Kultmanöver für den King of the Lake ausprobiert. Halbe Halse, dann meine Spezialgabel am Mast ganz nach unten gerutscht, ein Knie eingehängt, als Duck Jibe fertig gedreht, drüben das andere Knie rein und die Gabel wieder hochgeschoben.« »Wahnsinn!« »Ja, aber dabei hab ich mir wohl eine Zerrung geholt. Gut, dass sie mich rausgefischt haben.« »Klar, sicher ist sicher.«

Nach diesem Abenteuer setzten sich beide in ein Café, sponnen ihr Surfmannsgarn weiter und weckten damit den Stolz des anderen. »Weißt du«, sagte Horst, »ich würde mal gerne das Material tauschen, freeriden ist doch wirklich kinderleicht!« »Kannst du überhaupt so ein Powersegel halten, du Spargeltarzan?« »Aber immer! Und du, hängen deine riesigen Plattfüße nicht über mein Board raus?« »Dann fahr ich eben barfuß Wasserski neben dem Brett!« »Na, das wollen wir doch mal sehen. Gut, wir tauschen und abends treffen wir uns wieder, abgemacht?« »Abgemacht!«

Und so nahm das Drama seinen Lauf. Bei mittelprächtigem Südwind dümpelte Horst mit dem Eintonner los und hatte schon nach fünf Minuten Unterarme wie Baumstämme. Weil er das Brett nur wie ein Containerschiff halsen konnte, musste er wenden. Wenden! Und das mit dem Riesenlappen und ganz normal! Ohne tauchen, Pirouette oder sonst was. Hoffentlich erkannte ihn keiner! So arbeitete er sich mehr schlecht als recht über den See. Das grandiose Freeride-Gefühl wollte sich aber nicht einstellen.

Franz dagegen hatte unheimlich viel Spaß mit den Wellen am Ufer. Beim ersten Startversuch ging das Brett auf den Seeboden, er stand bis zum Hals im Wasser, rief »Ah!«, und der anrollende 30-Zentimeter-Klopfer spülte ihm eine alte Zigarre in den offenen Mund. Dann schwamm er raus und probierte den Wasserstart. Aber 3 Beaufort, 5,3 Quadratmeter und 95 Kilo waren dafür wohl irgendwie ungeeignet. Also wollte er aufziehen. Kaum hockte er oben, soff er komplett bis zur Mastspitze ab, konnte aber von unten sehr schön die Schiffsschraube des vorbeifahrenden Carabinieri-Schiffchens beobachten. Mehr war freestylemäßig nicht drin.

Abends trafen sie sich dann wie verabredet in der Kneipe. »Na, wie war's«, fragte Horst. »Echt unglaublich«, antwortete

Franz. »Willy Skipper beim dritten Versuch und voll im Gleiten geblieben. Spin Loop und Monkey Jibe sowieso und dann hat mir am Strand noch einer eine Wild Card für den King of the Lake versprochen. Es gibt eben nichts, was ein Surfer aus Garmisch nicht kann! Und du?« »Geil, geil, geil. Ich bin mit zwei Schlägen nach Sirmione gesurft und zurückgedonnert. Halsen mit Speed, auf dem Teller und das Tragflächenboot versägt! Ein Freestyler aus Hannover hat eben alles drauf.« Darauf stießen sie an. Dann noch mal und noch mal. Nach der vierten Flasche Rosso waren beide schließlich so stramm, dass der Alkohol die Wahrheit zum Vorschein brachte und Horst ein volles Geständnis ablegte. »Franss, ich hab ein wenig gelo'en, ich kann nich freereid'n. Keine Halse un no Speed, gar nix.« »Mach nix«, stammelte Franz, »ich hab auch geschwindelt.« »Was, du auch?« »Jjja, ich hab dich angelo'en, 'ch komm gar nicht aus Garmisch, ich bin aus Partenkirchen!«

Dumm gelaufen

Jonas Pechstein war der lebende Beweis für die Richtigkeit von Murphys Theorie: Wenn etwas daneben gehen kann, dann geht's auch daneben.

So war er zum Beispiel der erste und bestimmt auch einzige Surfer, der eine Powerboxfinne mit Linksgewinde besaß. Statt einer Schwimmweste bekam er versehentlich eine Gewichtsweste eingepackt und am Lago wurde von 400 Brettern, die in Torbole am Strand lagen, nur eines geklaut. Überflüssig zu sagen, wem dieses Board gehörte.

Und als er in den Urlaub wollte, musste er in seiner Firma die ganze Inventur alleine machen. Weil das aber noch nicht genug war, wurde er anschließend zum Chef gerufen.

»Herr Pechstein«, sagte der, »Sie haben hervorragende Arbeit geleistet. Dennoch werden wir es ab nächsten Monat aus Rationalisierungsgründen mal ohne Sie versuchen. Ist doch nicht so wild, Sie wollten ja sowieso schon lange mal so richtig ausspannen, oder?«

Irgendwie war Jonas auch gar nicht sauer, denn im Geschäft war bereits verdächtig lange alles viel zu glatt gegangen. Also machte er das Beste daraus und schmiedete Urlaubspläne. Ferien im Herbst, davon träumen doch alle. Leere Strände, günstige Preise, endlich mal was erleben, drei Wochen, zwei Monate oder länger. Doch wo gab es um diese Jahreszeit Wind? Wo konnte man nach Herzenslust surfen? Um seinem sprichwörtlichen Pech aus dem Weg zu gehen, bemühte er professionelle Hilfe. Der berühmte Windscout und Spezialreiseveranstalter Franz Schlattenbeier empfahl Rhodos. »Ist es dort gut im Herbst?«, fragte Jonas. »Gerade im Oktober ist es dort echt super!« »Und im Juli?« »Ha, im Juli, da ist es der Wahnsinn!« »Aha, und im Frühjahr?« »Ja, im Frühjahr, da hackt es!« »Dann ist dort also immer Wind?« »Klar, und wenn es auf Rhodos mal keinen Wind gibt, dann pfeffert es garantiert in Dahab.« »Das ist ja sehr angenehm für den Ägypter als solchen, aber was mache ich dann auf Rhodos?« »Da haben Sie recht. Ich muss sofort eine Flugverbindung von Rhodos nach Dahab organisieren …«

Das war Jonas suspekt. »Besser, man informiert sich umfassend«, sagte sich Jonas und loggte sich ins Internet ein. Auf der Seite von AVIV-Reisen gab es jede Menge geiler Ziele: Karibik, USA, Spanien, Afrika und die Ägäis einschließlich Rhodos. Und zu jedem Ziel konnte man ein Formular mit allen möglichen Angaben ausfüllen. Toll, das war was für ihn. So surfte Jonas von Spot zu Spot. Er halste quasi am Computer um den Globus, füllte sorgfältigst alle Formulare aus und steigerte sich in einen totalen Rausch, aus dem er erst am nächsten Morgen wieder erwachen sollte. Sein rechtes Ohr klemmte zwischen Enter- und Plus-Taste und tat höllisch weh.

Am Flugplatz herrschte riesiges Gedränge und Jonas hatte Glück, dass er gerade noch seinen Flieger erwischte. Leider war es nicht der richtige. Als einziger Hetero saß er unter 120 gleich gesinnten Herren im Warmduscher- und Fußföhnerjet nach Mykonos.

»Das können wir jederzeit umbuchen«, flötete der Reiseleiter nach der Ankunft. »Gott sei Dank, Rhodos ist mir schon lieber!«, meinte Jonas. »Rhodos? Das geht nicht mehr, ich meine umbuchen auf Mykonos, zwei Wochen all-inclusive – da kannst du was erleben!«

Gut, dann eben Mykonos und sogar ein Surfpaket war mit drin, inclusive Brettlagerung.

»Hallo«, rief Jorgos, der Instruktor der Surfschule Kleftiko Sarikakis. »Wo is dei Brettl, ha?« »Ich hab keins dabei, ich wollte eins mieten.« »Schad, Brettlagerung waar inclusive – ois andere kost extra! Host mi?« Jorgos war zehn Jahre als Gastarbeiter in Niederbayern gewesen, wo er auch sein astreines Kongodeutsch gelernt hatte. »Mogst a Brettl? I hob noch an supa 370er mit 7,5er Pat Love Segel und Kohlemast – der kost aber extra.«

»Was? Es hämmert mit 6 Beaufort!« »Des packst du scho. As letzte kloane Brettl hat vor zehn Tag der Hans-Peter kriagt.«

Jonas bezahlte fürs Brett und noch mal für den Kohlespargel, für Trapez und Shorty.

Beim dritten Schleudersturz zerbröselte er den schwarzen Plastikstecken wie eine Salzstange. »Ja, der guade Mast ...«, schimpfte Jorgos, »da werst 300 Euro hielegn miassn.« »Wie bitte?« »Ja freili, a Versicherung ham mir ja net gmacht.« Obersauer dampfte Jonas ins Hotel und gab sich gerade den siebten Ouzo, als Hans-Peter auftauchte. »Sag mal, hast du den Mast schon bezahlt?« »Ja.« »Mist, der schafft's immer wieder. Das war ein uralter Epoximast, nur mit mattschwarzer Farbe auf Kohle getrimmt und wahrscheinlich schon angesägt. Den Schrott hat er sicher längst beseitigt.« »Tja, ich bin eben nicht gerade ein Glückspilz.« »Nee, das kann man wirklich nicht sagen.«

Als Jonas so mit Hans-Peter dasaß, kam ihm ein heimtückischer Gedanke: Wenn man den Kerl anständig besoffen machen würde, dann wäre am nächsten Tag sein 260er mit dem 4,5er frei ... Also lud Jonas ihn auf einen Drink ein. Dann auf noch einen, auf noch einen usw. Es wurde richtig lustig, aber nach der zweiten Flasche Ouzo kippte Jonas grußlos vom Hocker. Am nächsten Tag traf er, noch halb bewusstlos, Hans-Peter frisch und fit beim Frühstück. »Wie geht's?«, fragte Jonas. »Prima.« »Verstehe ich nicht, du hast doch genauso viel gesoffen wie ich.« »Schon, aber keinen Ouzo. Der Barkeeper hat mir nur Wasser eingeschenkt – oder glaubst du vielleicht, du warst der Erste, der so an meinen 260er rankommen wollte?«

Jonas fand sich mit dem 360er ab und kämpfte tapfer gegen Poseidon und Meltemi. Doch irgendwo dort draußen wollte es wohl mit dem Höhelaufen nicht mehr so klappen, und Jonas trieb bei einbrechender Dunkelheit unaufhaltsam dem schönen Naxos entgegen, wo er mit offenen Armen von der Wasserschutzpolizei empfangen wurde. Die lochte ihn erst einmal ein, weil er auf einer offiziellen Wasserstraße ohne vorschriftsmäßige Beleuchtung unterwegs gewesen war.

Gegen ein lächerliches Entgelt von 200 Euro holte ihn Jorgos am nächsten Morgen zurück nach Mykonos und berichtete, dass

Hans-Peter abgereist wäre und deshalb der 260er für ihn bereitläge. »Endlich mal was Positives«, meinte Jonas und freute sich schon auf den Nachmittag. Aber leider schlief jetzt Punkt 12 der Meltemi ein. »Ja, des dauert dann immer a Woch oder so«, sagte Jorgos, »schad, dass der 360er scho wieder vermietet is, der hätt jetzt gepasst.«

So verbrachte Jonas noch eine volle Flautenwoche auf der warmen Insel, bevor er nach Hause flog. »Hier kann wenigstens nichts mehr danebengehen«, sagte er sich, schloss seine Wohnungstür auf und stolperte über einen Berg von Briefen. Alle von Reiseveranstaltern, und in jedem steckte ein gültiges Ticket auf seinen Namen. Kapverden, Hawaii, Lanzarote, Dahab, Margarita usw., komplett mit Abbuchungsbestätigung für sein Konto und herzlichem Dank für die Buchung via Internet. Jetzt wusste Jonas auch, warum er bei diesen tollen Formularen auf den Homepages immer seine Kreditkartennummer angeben sollte. Gott sei Dank konnte er am nächsten Tag noch alle Reisen stornieren. Und als gegen Mittag das Telefon läutete, konnte er sein Glück kaum fassen. Durch einen seiner Internetkontakte hatte er doch tatsächlich eine Reise gewonnen. Endlich hatte er mal Glück: Zwei Wochen Mykonos, all-inclusive mit Surfpaket bei Kleftiko Sarikakis!

SPECIAL SURF SQUAD

Natürlich! Klar! Warum sollen Frauen denn nicht windsurfen? Solange sie dabei unter sich bleiben und am heimischen Baggersee rumgurgeln. Problematisch wird die Sache allerdings, wenn Mädels surfen lernen wollen, damit sie an traditionellen, sich jährlich wiederholenden Herren-Surf-Ausflügen teilnehmen können. Da heulen die Sirenen. Alarmstufe 6!

So geschehen beim Windsurfclub »3 Beaufort und weniger«. Was hatten die Jungs doch immer für ein Vergnügen bei ihrem verlängerten Gardasee-Wochenende! Wein, Weib, Gesang und täglich zehn Stunden auf dem Wasser. Die besten drei Tage des Jahres waren das. Und jetzt wollte Irmi, Klaus' Frau, tatsächlich persönlich und selbst surfen lernen, um mitzufahren? Niemals! So was geht nicht, weil's einfach nicht geht. »Die kann doch so viel Spaß haben – beim Stricken oder beim Kochen, aber auf jeden Fall zu Hause!«, meinte Hugo und berief sofort den Ältestenrat des Clubs ein.

»Das regeln wir mit unserer Special Surf Squad«, beschwichtigte Nick seine Jungs. »Wisst ihr noch, wie damals Ulla, Helga, Beate, Jenny und diese Dicke surfen lernen wollten?« Die Jungs bogen sich vor Lachen. »Mit unserer ›Spezial-Schulung‹ haben wir sie doch bis jetzt alle erfolgreich vom Surfen ferngehalten!« Der Herrenausflug war also gerettet.

Die Bedingungen konnten nicht idealer sein: 8 Grad Luft-, 12 Grad Wassertemperatur, und Irmi musste im Bikini zur ersten Unterrichtsstunde antreten. Zunächst sollte sie mal den 1 Meter breiten Racer ans Ufer schleppen. »Ich bin doch kein Orang-Utan!«, moserte sie. Hugos Empfehlung kam postwendend: »Dann lass es doch gleich, Mädel.« Aber Irmi schaffte es mit der Hinkelstein-Tragetechnik. Die übrigen sechs Jungs der Special Squad hatten schon den nächsten Hammer parat. »Jetzt lassen wir sie mal das Segel trimmen. Vielleicht platzt dabei ihr Oberteil, dann isses erledigt.« Irmi plagte sich wie ein Zugochse, aber die Masttasche bewegte sich keinen Millimeter. »Siehst du, lass es«, meinte Hugo wieder, aber ein Rentner, der auf der Parkbank gleich daneben saß, murmelte: »Nimm doch diesen Flaschenzug. Den benutzen die Burschen immer.« Irmi verlangte nach dem Rollenzeug – und dann ging's. Carsten war sauer und motzte Klaus an: »Hab ich nicht gesagt, die neue Übersetzung bleibt zu Hause?! Idiot?«

»So, und jetzt ab ins Wasser!«, befahl Major Theo grinsend und flüsterte: »Da wird's ihr schon vergehen, bei der Temperatur ...« Doch Irmi verlangte eine Auszeit. »Du gibst auf? Sehr vernünftig.« »Nein«, antwortete sie, »ich schlüpfe nur rasch in meinen Neo, hab ich mir gestern besorgt!« »Warum weißt du nichts davon?«, raunzte der Major Klaus an. »Wie kann die sich einen Neo besorgen, ohne dass du das verhinderst!?«

Inzwischen machte Olli das Lehrfloß aus alten Brettern und den Außenborder klar. »Na, dann werden wir sie mal zum Tauchen schicken!«, freute er sich und die gesamte Truppe enterte auf.

Irmi kroch aufs Brett und zerrte an der Startschot. Major Theo glaubte, dass 16 qm vielleicht etwas wenig für eine Anfängerin wären, aber die anderen meinten, das sei angemessen. Ein ums andere Mal klatschte Irmi ins Wasser, stieg aber tapfer wieder auf. »Da müssen wir uns was einfallen lassen, sonst schafft sie's noch!«, gab Olli zu bedenken, und Carsten schlug einen Wasserstart vor. »Pass auf, Irmi, das ist wie in der Schule. Schotstart ist nur für den Anfang, den brauchst du doch später nie wieder. Wir probieren gleich den Wasserstart, ist auch einfacher – du kannst doch fünf Minuten tauchen, oder?« Dann kamen die Antianweisungen: »Also – beide Beine schön gestreckt in die hintersten Schlaufen, das Segel einfach über den Kopf ziehen und immer schön drücken!« Das Rigg lag jetzt zum Bug hin und der Wind war mittlerweile auch viel zu stark. Also alles optimal. »Ist nicht zu viel Wind?«, wollte Irmi wissen. »Nö, je mehr desto besser«, wusste Fred. Irmi tauchte ab. Sie war schon ziemlich lange unter Wasser, als sich das Rigg irgendwie nach hinten drehte. Dann griff plötzlich eine Bö unter den Mast und mit einem Ruck stand Klaus' Frau auf dem Brett. Wie eine Eins. »Mist, ein Naturtalent!«, schrie Nick, »ich hab drei Jahre dafür gebraucht! Wie macht die das nur?«

Mit dem Außenborder düste die Gruppe hinter Irmi her. »Lass sofort los!«, rief Carsten, weil er wusste, dass sie dann in total ekligen Schlingpflanzen landen würde. Das mögen Frauen nicht. Aber Irmi knallte durch bis zum anderen Ufer.

»Also, wir geben ihr jetzt ein 3,2er, dann ist mit Wasserstart Essig«, sagte Hugo, »und anschließend jagen wir sie in die Halse, falls sie das Segel rausziehen kann!« Sie konnte. Ernüchterung machte sich auf dem Floß breit. »Jetzt abfallen!«, brüllte Theo. Olli schrie: »Bist du verrückt? Schau nur, sie macht's!« Und Irmi tuckerte langsam um die Ecke. Klaus war am Ende. »Wenn das so weitergeht, lernt sie's wirklich – ich werd noch wahnsinnig!«

Sicherheitshalber wurde der Unterricht sofort abgebrochen und Olli hatte einen Granatenvorschlag: »Also, du übst das Ganze am Wochenende alleine, dann entscheiden wir«, sagte er zu Irmi und flüsterte den anderen zu: »Wir geben ihr ein Mini-Waveboard mit und ein 7,5er. Das macht sie fertig.«

Sonntag um 16 Uhr stand die Special Surf Squad feixend am Strand. Nur Irmi fehlte. »Die hat hingeschmissen!«, jubelte Nick, klopfte Klaus auf die Schulter und wollte gerade gehen, als sie Irmi rufen hörten: »Ahoi!« Ins Trapez eingehängt kam Irmi aufs Ufer zugefahren, halste ordentlich, fuhr weiter, wendete und legte schließlich vor den verdatterten Jungs an. Klaus war entsetzt. »W-W-Wie gibt's denn das?« »Ich bin doch nicht blöd, Schatzi«, rief Irmi triumphierend. »Ich hab drüben auf der anderen Seeseite einen Wochenend-Surfkurs gemacht. Mit einem 5,5er auf einem gutmütigen Brett, bei dem sogar die Finne richtig montiert war und nicht falsch herum, wie bei eurem Waveboard. Jetzt *müsst* ihr mich an den Gardasee mitnehmen!« Das war ein herber Schlag mitten in die stolze Männlichkeit. Die Eingreiftruppe war übertölpelt worden, technisch und intellektuell. Das war noch entwürdigender als Sitzpinkeln. Adieu, Herrenausflug. »Das war's dann wohl ...«, seufzte der Major und wollte gehen. Doch Nick hielt ihn zurück. »Eine Chance haben wir noch: Psychologie!«, zischte er und wandte sich an Irmi. »Übrigens, Irmi – jetzt können wir dir's ja sagen. Die Gerda, also die Gerda hat auch 'nen Kurs gemacht, die kommt auch mit!« Irmi erstarrte zum Alumast. Dann begann sie zu zittern und brüllte los: »Was, die Gerda, diese dämliche Zicke! Nie im Leben fahre ich mit dieser eingebildeten Kuh irgendwohin. Fahrt doch wohin ihr wollt, aber ohne mich, ihr Armleuchter!« Und weg war sie. Geschafft!

Natürlich war das mit Gerda glatt gelogen. Aber so konnten die Jungs schließlich doch unter sich bleiben, am Gardasee, drei Tage lang, ... im Regen.

DER WIND VON MORGEN

»Halllooo – liebe Surferinnen und Surfer! Mit einem windigen ›Hang Loose‹ begrüße ich Sie zu unserer Talkshow. Haben Sie sich auch schon mal megamäßig darüber geärgert, dass der Wetterbericht 5 Beaufort verspricht und, wenn Sie dann am Ufer stehen, sind sie alle fort, die ganzen Beaufort? Sie waren nämlich nie da, weil die Vorhersage-Copperfields wieder mal Käse erzählt haben. Zwei dieser Windhellseher habe ich eingeladen. Herrn Professor Hektor Paskal, Dozent für Beaufortologie an der Volkshochschule Windmarschen, und Jean-Jacques Tiefdruck, Sturmforscher bei Windpiece.«

»Herr Professor Paskal, ist Meteorologe nicht der leichteste Beruf der Welt? Sie können im Radio oder Fernsehen danebenhauen, wie Sie wollen, so richtig an den Kragen gehen kann Ihnen ja da keiner!?«

»Aber, aber! Unsere Windvorhersagen erzielen eine Trefferquote von immerhin 90 Prozent!«

»Da muss ich wohl immer die restlichen 10 Prozent erwischen! Wie sehen Sie das, Herr Tiefdruck?«

»Die Schulmeteorologie ist mit ihrem Latein am Ende. Wir von der empirisch-ökologisch-homöopathischen Windforschung bauen auf die Natur in Kombination mit menschlicher Erfahrung.«

»Aber Herr Kollege, es ist doch ein Naturgesetz, dass es mehr Wind gibt, wenn die Isobaren enger zusammenliegen …«

»Die Isobaren? Ist das nicht diese Inselkette vor Grönland, wie können denn die plötzlich enger beieinanderliegen?«

»Nein, die Isobaren zeigen Orte mit gleichem Luftdruck!«

»Ach was – das können die auch? Ihre seltsamen Isobaren können Sie in den Wind schießen, Herr Paskal. Die Natur sagt uns, wann der Wind weht. Schließlich macht sie ihn ja.«

»Das ist jetzt aber sehr interessant, meine Herren. Vielleicht erklären Sie uns Laien mal ganz genau, wie denn Wind überhaupt entsteht – durch die Erddrehung, oder was?«

»Also an der Volkshochschule Windmarschen erkläre ich das immer so: Wenn es zwischen Hoch und Tief unterschiedlichen Luftdruck gibt, dann will sich der auf ein gemeinsames Level bringen. Das bedeutet, der Überdruck weht zum Unterdruck. Und je größer der Druckunterschied, desto stärker der Wind. Dagegen können Sie wohl nichts sagen, Herr Tiefdruck, was?«
»Aber sicher, Herr Paskal. Wind entsteht durch die sogenannte ›Vegetationsbewegung‹.«
»Eine Splittergruppe der Grünen?«
»Nein. Bäume, Sträucher, Blätter, Blumen, ja sogar das Gras – sie alle vollführen ständig schwankende Bewegungen und bewegen so die Luft. Das können Sie ja ganz einfach mit Ihrer Hand nachmachen, ja, wie ein Fächer, sehen Sie?!«
»Das ist ja unglaublich, ich fasse es nicht.«
»Hab ich mir gedacht, Herr Paskal. Tja, das lässt sich immer wieder beobachten – bei wenig Wind wackeln zum Beispiel die Bäume auch nur ganz wenig. Wenn sie sich aber durchbiegen und hin- und herschlagen, dann machen sie Sturm!«
»Die Bäume machen also den Wind???«
»Zu 98 Prozent! Das ist so sicher, wie die Erde eine Scheibe ist.«
»Dann erklären Sie mir doch mal, Herr Kollege, wie Sie Ihre Vorhersagen treffen, lesen Sie aus dem Schnittgut Ihres Rasenmähers oder nehmen Sie ein Pendel zu Hilfe?«
»Pendel geht nur, wenn's nicht windig ist, und nach dem Rasenmähen, lieber Kollege, ist doch Unfug, dann würde ich ja die Windproduktion vermindern. Nein. Wir haben in ganz Deutschland Windvorhersagestationen.«
»Wohl in Baumschulen, was?«
»Nein, wir verfügen über ein Netz aus 247 wetterfühligen Rentnern, Veteranen mit Kriegsverletzungen und Sportinvaliden. Die spüren Veränderungen von Flaute auf Starkwind schon Tage vorher, wenn ihre Rheumaknie, Hühneraugen oder Rücken schmerzen. Ganz super sind unsere Migräne-Föhn-Warner im Alpenraum. Die fühlen jeden warmen Windhauch aus Süden zwölf Stunden vorher aufs Beaufort genau.«

»Ach, so einfach ist das?«
»Natürlich verlassen wir uns nicht nur darauf. Schließlich gibt es noch den jahrhundertealten Erfahrungsschatz der Bauern und Fischer. Zum Beispiel: ›Fliegt der Kuhschiet durch den Äther, geht er surfen, Bauer Peter.‹ Oder: ›Auf Regen folgt Sonne, auf Flaute der Wind, ja so ist's, ganz bestimmt, ganz bestimmt.‹«
»Erinnert mich an ein Lied von Vico Torriani ...«
»Nein, das ist von Venturi, dem Entdecker des Leitsatzes ›Mehr Wind durch höhere Luftgeschwindigkeit‹!«
»Na, und heranrauschende Kaltfronten lassen Sie auch völlig kalt?«
»Natürlich. Denn zunehmender Wind ist immer bei zunehmendem Mond und bei abnehmendem Mond nimmt auch der Wind ab!«
»Und die Windrichtung? Keine Ahnung, was?«
»Natürlich. Bei zunehmendem Mond von links, bei abnehmendem von rechts!«
»Soso, und wie ist das dann auf der Südhalbkugel, wo der Mond um 90 Grad gedreht hängt und von unten nach oben zunimmt? Da weht's dann wohl nach oben, was?«
»Richtig, dann gibt's Thermik und Wind von vorne!«
»Wirklich unglaublich, Herr Tiefdruck, Sie haben ja von den physikalischen Grundvoraussetzungen so viel Ahnung wie ein Sack vom Hüpfen!«
»Das sagen gerade Sie, während Sie immer nur über den Wind schwafeln, machen wir ihn selbst.«
»Wie, wo, was???«
»Nun, unser neuester Betriebszweig ist das Revierdesign. Das heißt wir konzipieren, bauen und betreiben ein Surfrevier, das unabhängig vom herkömmlichem Wind funktioniert.«
»Ach!«
»Wir nennen es das ›Sanfte Surfrevier‹, finanziert mit 40 Millionen EG-Zuschüssen. Am Strand einer bisher völlig windfreien Insel schütten wir eine 300 Meter lange Halbinsel auf und formen dort einen ›Venturi-Hügel‹, der den Wind verstärkt. In der Bucht entstehen so ideale Surfbedingungen.«

»Und woher nehmen Sie den Wind?«

»Den erzeugen wir einerseits durch Thermik – wir haben in Lee eine 400 mal 200 Meter große schwarze Wand errichtet – und andererseits durch Windmaschinen vor dem Hügel.«

»Die funktionieren aber doch mit Strom!«

»Klar, den erzeugen unsere Windkraftanlagen, die wiederum von den Windmaschinen angetrieben werden. Alles in allem kommen wir bei zunehmendem Mond und einem Rheumapegel von 5 bis 6 auf sage und schreibe 3,5 Beaufort! Da staunen Sie, Herr Paskal, was?«

»Nein, weil das so nicht funktioniert. Erst einmal ist die schwarze Wand falsch, und die Maschinenlösung wäre ja ein Perpetuum mobile. Alles Humbug!«

»Na ja, zugegeben, ein kleiner Trick ist schon dabei ...«

»Sehen Sie, an realer Wissenschaft kommen eben auch solche Spinner wie Sie nicht vorbei. Na, wie machen Sie es? Haben Sie ein Kraftwerk angezapft oder was?«

»Nein, wir helfen der Natur nur etwas nach. Wir haben 500 arbeitslose Einheimische engagiert, die wie verrückt mit den Palmen am Strand hin und her wedeln. Genauso wie der Wind ja sonst auch entsteht. Pfiffig, was?«

»Tja, meine Herren, vielen Dank. Abschließend kann man sagen: ›Wieder nichts gelernt!‹ Freuen Sie sich in diesem Sinn auf die nächste Talkshow mit den Themen: ›Flora und Fauna im Neoprenanzug‹ und ›Lohnt sich Pilzzucht im Surfschuh?‹. Bis dann! Machen Sie Wind!«

Nur mit Gummi

In unseren Breiten wäre das Windsurfen an sich eine Angelegenheit, die sich auf die wenigen warmen Tage im Juli und August beschränken würde, gäbe es nicht die alles rettende Erfindung kalifornischer Wellenreiter: diesen ehemals schwarzen Kälteschutzanzug aus einer Gummi-Ruß-Mischung. Schon die Materialien Gummi und Ruß verraten, dass nur eine Schar vollkommen Verrückter, wie z. B. Windsurfer, bereit sein kann, so was überhaupt überzustreifen. Aber – diese Art Ganzkörperkondom verlängert eben die Surfzeit in Monate hinein, in denen es normalerweise sogar dem gemeinen Spiegelkarpfen zu kalt zum Schwimmen ist. So wurde der Neo zum absolut unverzichtbaren Ausrüstungsgegenstand jedes Brettseglers unserer Hemisphäre. Was nützt schließlich schon ein nagelneues Slalomboard mit Weltcup-Rigg, wenn man bei 8 Grad Wasser- und 6 Grad Lufttemperatur ohne den schützenden Gummi am See steht? Also gilt für uns europäische Windsurfer schon lange, was auf einem anderen menschlichen Betätigungsfeld erst seit ein paar Jahren propagiert wird: nur mit Gummi!

Natürlich bringt jeder Neoprenanzug auch gewisse Tücken mit sich, die erst einmal gemeistert werden wollen. Kollege Harry Zapf hatte sich zu Saisonbeginn einen neuen Kautschukdress geleistet. Einen Overall, natürlich semi dry, denn so mochte er auch den Sekt am liebsten. An einem Mittwochvormittag im April konnte er schließlich nicht mehr an sich halten und chauffierte zum See, um den eleganten Einteiler einzuweihen. Herrlich! Kein anderer Surfer war zu sehen. Der See würde ihm allein gehören, dachte Harry und baute auf. Als Board und Rigg startbereit am Strand lagen, quälte sich Harry in die neue Warmhaltepackung. Erst mal die Füße durch. Die zwei kleinen Reißverschlüsse runter, dann die Velcros einmal rum und zu. Aber leider hatte er vergessen, seine knielange Walking Short auszuziehen. Also noch mal raus, Shorts runter und dann wieder rein. Aber unter den Shorts hatte er nichts an – was jetzt?

Nackt in den Gummi? Harry überlegte. Vielleicht hatte ihn ja schon mal einer im Shop anprobiert und eventuell auch nackt und man weiß ja nie, was der ...

Also wieder rein in die Shorts und dann mit Gewürge in den Neo. Jetzt hoch mit dem Teil und in die Ärmel. Die Velcros einmal rum, dann hinsetzen und erstmal durchatmen. Doch beim zweiten Atemzug wurde es Harry schwarz vor Augen. Die Velcros an den Unterarmen waren so fest angezogen, dass kein sauerstoffreiches Frischblut mehr zu seinem Hirn vordringen konnte. Nun wäre das bei Harry an sich nicht so wild gewesen, aber er wollte ja auch sehen, wohin er surfte. Gut, also etwas lockern. Dann stand er auf und trug Brett und Rigg ans Wasser. Jetzt bloß noch den Rückenreißverschluss schließen. Aber das war leichter gesagt, als getan. Normalerweise waren ja andere Surfer am Strand, die einem mal kurz halfen. Heute aber war er allein. Also holte er die Gebrauchsanweisung. »Greifen Sie den schmalen Gurt hinter Ihrem Rücken und ziehen Sie ihn nach oben.« Ja, von wegen! So weit konnte sich Harry Zapf nicht mehr drehen mit seinen 48. Er versuchte es anders. Leicht schwang er mit dem Po hin und her, wobei der Gurt mitpendelte. Als er links auftauchte, schnappte er zu. So! Jetzt müsste er mit der Hand hinten hoch zwischen die Schulterblätter greifen und mit der anderen über die Schulter runter, um den Gurt zu fassen. Das war ja was für Schlangenmenschen! Harry überlegte. Ja, so würde es gehen. An der steilen Uferböschung standen Bäume. Er stellte sich genau vor einen hin, bückte sich und knotete den Gurt zwischen seinen Beinen hindurch an einen Ast. Wenn er dann etwas die Böschung runterging, würde sich der Zipper ganz von alleine zuziehen. Klar. Aber beim Aufrichten rutschte Harry aus und schlitterte den Hang hinunter. Hinten machte es zzzipp, der Gezahnte verschloss sich bis an den Hals, und Harry baumelte an dem Ast. Wie wild fuchtelte er mit den Armen und schrie um Hilfe. Gott sei Dank bemerkten ihn zwei Rentner auf ihrem Spaziergang und eilten, so schnell es eben ging, herbei. Einer von ihnen griff in seine Hosentasche und holte ein Taschenmesser hervor, das er sofort aufklappte. Und während er Harry mit einem beherzten Schnitt erlöste, sagte er: »Also sagen Sie mal – ein junger Mensch wie Sie, Sie haben doch noch das ganze Leben vor sich. Sich Aufzuhängen ist doch keine Lösung – und dann noch in so einem perversen Gummianzug hier in aller Öffentlichkeit!«

Dieses Erlebnis nagte an Harry Zapf, und er beschloss, noch einmal umzurüsten. Im Shop pries man einen State-of-the-Art Neo ohne Zipper an. »Das ist es!«, sagte er und der Verkäufer meinte: »Diese Dinger sind so bequem, man merkt gar nicht, dass man einen anhat!«

Einige Tage später, an einem Dienstag, war Harry nach der Arbeit noch schnell an den See gedonnert. Fünf Beaufort wehten, er tobte sich richtig aus und fuhr dann müde, aber zufrieden nach Hause. Als er am nächsten Morgen im Bad vor dem Spiegel stand, musste er feststellen, dass er noch immer den Anzug anhatte. Da hatte er doch tatsächlich vergessen das Ding auszuziehen – so gefühlsecht war der Isolator. Beim Rasieren schaltete er das Radio ein und hörte im Wetterbericht von einem für den Nachmittag vorhergesagten Sturmtief. »Dann lassen wir den Gummi doch gleich an!«, sagte er zu seinem Gegenüber im Spiegel, zog Hose, Hemd und Sakko drüber und düste ins Büro.

Die windige Wetterlage hielt an und Harry sah keinen Grund, den Neo wieder auszuziehen. Lediglich zur Verrichtung seiner Notdurft schob er ihn kurz runter, um sich danach aber sofort wieder in das wohlige Mikroklima des Elastikwunders zurückzuziehen.

Am Freitagmorgen stellte Harry einen strengen Geruch fest, der ganz offensichtlich der Gummihülle entstieg. Aber auch das ließ sich lösen. Er stellte sich unter die Dusche, schüttete an der Halsmanschette einen halben Liter Duschgel rein, spülte ordentlich mit Wasser nach und ließ alles unten am Fuß rauslaufen. Fertig. So vorbereitet, riss er locker die paar Stunden bis 2 Uhr im Büro runter, eilte nach Hause und lud sein Surfgerödel aufs Auto. Dann ging es ab zum Gardasee. Und wegen der drei lächerlichen Tage, die das Wochenende dauerte, lohnte es sich nun wirklich nicht, aus dem Anzug zu steigen. Also behielt er ihn auch während seines Kurztrips an. Denn das brachte pro Tag circa fünf Minuten mehr Ventozeit und ersparte das lästige Packen anderer Klamotten.

Kurz vor der Sonntagsora verwickelte Harry am Strand einen Surfkameraden in ein Fachgespräch über seinen zipperlosen Anzug. »Ist der echt so saubequem?«, fragte der andere. »Klar, kannst ihn ja mal ausprobieren.« Gesagt, getan. Zwei Stunden später war der Bursche zurück. Harry hatte seine edlen Teile inzwischen mit einem Surf-Poster bedeckt gehalten. »Und?« »Super«, meinte der Tester, »nur das Pinkeln find ich schwierig, da gibt's immer so eine riesige Blase zwischen den Beinen. Das läuft nicht richtig ab!«

Damit war für Harry Zapf auch dieser Anzug erledigt. Er hatte ohnehin eine weitere Schwachstelle dieses Neo-Overalls ausgemacht: Wie würde er z. B. in der Badehose aussehen? Unmöglich! Wie ein Streichholz. Roter Kopf und blassweißer Restkörper. Um Abhilfe zu schaffen, beschloss Harry ein Sonnenstudio aufzusuchen. Dort deckte er den Kopf ab und überließ den Rest dem Turbo.

Nach zehn Minuten war er durch und sah aus wie die wandelnde Beulenpest. Seine vom Dauergebrauch des Anzugs aufgeweichte Haut hatte sich in Hunderte von Blasen verwandelt. Und nachdem diese Schicht abgefallen und verheilt war, strahlte er im weißesten Weiß, das es je gegeben hatte.

Natürlich versuchte Harry diese Pleite geheim zu halten. Aber drei Wochen später, an seinem Hausrevier, wusste trotzdem jeder Bescheid. »Na, Streichholz, wieder blasenfrei?«, stichelten sie. Aber Harry Zapf wäre nicht Harry Zapf, hätte er dafür keine Lösung gefunden. Stolz präsentierte er die neueste Errungenschaft der Neoprenanzugtechnologie: »Hier, Kameraden, der Durchbruch, mein neuer Varioanzug!« »Und?« »Der macht Schluss mit Streichholzbräune und sorgt für gleichmäßige Pigmentierung!« »Und bitte wie?« »Ganz easy. Bei dem Teil kann man die Ärmel und die Beine abnehmen. Also surfe ich zuerst so lange ohne Ärmel, bis meine Arme braun sind.

Dann kommen die Ärmel wieder dran und die Beine weg. Und wenn meine Beine auch braun sind, ziehe ich nur Ärmel und Beine an, damit mein Oberkörper braun wird! Damit ist die Sache ein für alle Mal erledigt!«

Fites Fahrschule

Eines schönen Tages geschah das Unfassbare. Fite Frontloop hing vor der Prielwurmer Eisdiele rum und schleckte gerade an seinem Knoblauch-Nuss-Eis, da sah er SIE – ein echt rattenscharfes Gerät. Von einer Sekunde auf die andere war es um Fite geschehen – er war verliebt bis über seinen Trapezhaken hinaus! Wer war sie? Woher kam sie? Fite musste es herauskriegen. Er steckte sein Eis in die Hosentasche und schlich der unbekannten Schönen bis zu ihrer Arbeitsstätte, einem Friseursalon, hinterher. Er schlurfte hinein, um sich von ihr die Matte stutzen zu lassen. Zwischen dem vierten und fünften Haarwaschgang gestand er ihr mit Shampoo in den Augen seine Gefühle. Von so viel Romantik erschlagen, kapitulierte die fesche Friseuse, und von diesem Augenblick an waren sie und Fite unzertrennlich. So unzertrennlich, dass Fite sogar sein Domizil, den halb verfaulten Wohnwagen hinter den Dünen verließ und in Trines großzügiges 23-Quadratmeter-Apartment einzog.

Eine ganze Woche lang sahen ihn seine Freunde nicht mehr, und sogar Wind und Wellen waren ihm auf einmal schnurzpiepegal. Händchenhaltend flanierten die beiden Turteltauben durch die 20 Meter lange Fußgängerzone Prielwurms mit rosaroten Herzchen in den Augen.

Doch dann kehrte Fite zur Normalität zurück. »Ich kann doch nicht immer nur zu Hause rumsitzen bis du wiederkommst«, sagte er, »ich muss was tun!« »Arbeiten?« »Nee, ich muss wieder raus aufs Wasser!« Und so kreiselte Fite wieder über der Brandung, während Trine Haare schnitt. Abends war Fite nun todmüde vom Surfen und den Bierchen, die er hinterher kippte. Aber Trine wollte ausgehen. Sie liebte die Disco, das Öko-Bistro und das Café, in dem sie sich mit ihren Friseusenfreundinnen zum Tratschen traf. Es gab Streit. »Du hast ja nix anderes im Kopf als dein saublödes Brett«, wetterte sie und Fite konterte, »und du deine komischen Kneipen. Einmal war ich nur in deinem Café dabei, da haben sie mich am nächs-

ten Tag ›Warmduscher‹ und ›Öko-Schwuchtel‹ gerufen. Witzig, was?!«
»Ihr habt eben zu unterschiedliche Interessen«, meinte Sven zu Fite. »Klar, dass die Mutti sauer wird, wenn du nie da bist und abends ausgepowert wie ein nasser Sack auf dem Sofa hängst.« »Aber was soll ich denn tun?« »Tja«, meinte Sven, »entweder du wirst Disco-Tänzer und Café-Hocker oder ...« »Oder was?« »... oder du bringst Trine aufs Surfbrett!« »Mensch, Alter, das ist es, die Schnecke muss windsurfen lernen! Nur muss man das ganz geschickt einfädeln.«
Schon am nächsten Tag ging's los. Heimtückisch legte Fite »Motivationsfallen« aus: Auf dem Frühstückstisch lag wie zufällig ein Prospekt mit Jenna de Rosnays Windsurfkollektion. Trine warf einen flüchtigen Blick hinein. »Badeanzüge?« »Keine Ahnung, lass mal sehen – nö, Windsurfanzüge, geil ... aber so was interessiert dich ja nicht.«
Als Trine abends nach Hause kam, flimmerte ein Surfvideo mit hawaiianischen Mädels über die Mattscheibe. »Hey, das sind ja Girls, sagenhaft!«, meinte Trine. Fite sah gar nicht hin. »Jaja, aber das kann ja jede.« »Ach was ..., jede?«
Prospekte mit Damensegeln, Artikel über Frauensurfen und die Fotostory über die Moreno-Sisters füllten fortan das Apartment. Und tatsächlich, es dauerte nicht mal eine Woche, dann hatte Fite sie weich gekocht. »Sag mal, Fite, glaubst du, ich könnte das auch lernen?« »Was denn?« »Na windsurfen!« »Du und windsurfen?« »Wenn die das können, kann ich's auch!« Damit hatte er sie endgültig. »Natürlich lern ich das. Samstagnachmittag fangen wir an. Und du wirst es mir beibringen!«
Ein laues Lüftchen fächelte über den Strand, als Fite und Trine ans Wasser gingen. »Ich hab dir ein Anfängerbrett mit Rigg besorgt«, sagte Fite. »Hübsch«, meinte Trine, »das passt genau zu meinem Bikini, das Grün!« »So ein Quatsch, davon sieht man doch unter dem Anzug nix.« »Anzug? Ich soll so 'nen ekligen Neoprenanzug anziehen? Da seh ich ja aus wie'n Mehlsack. Kommt nicht in die Tüte!« »Aber das Wasser ist kalt!« »Blödsinn. In so ein Ding kriegst du mich nicht!«

Fite schob das Brett ins Wasser. »So, nun komm rein und steig mal rauf.« Trine ging zwei Schritte. »Igitt, ist das kalt!«, quietschte sie. »Sag ich doch, nimm den Anzug.« »Niemals!« »Gut, dann komm.« Bibbernd watete sie zu Fite und kletterte aufs Brett. »Wo ist das Segel?« »Zuerst musst du mal stehen können.« »Unfug, ich will surfen!«, und platsch, landete sie im Wasser. »Meine Frisur!«, kreischte sie, »jetzt ist meine Frisur hin!« »Probier es noch mal!« Wieder knallte Trine ins Wasser. Dann noch mal und noch mal. »So, jetzt reicht's mir«, keifte sie, »ich geh raus! Mir ist saukalt, bestimmt krieg ich 'ne Grippe, aber du gibst mir ja nicht mal 'nen Anzug!« »Was? Ich hab doch gesagt, dass du ihn anziehen sollst. DU wolltest ja nicht!« »Na, da hättest du mich eben überzeugen müssen. Sicher bin ich schon längst todkrank.« »Und daran bin wohl ich schuld, was?« »Na, wer denn sonst?«

»Guuut«, lenkte Fite ein, »dann machen wir eben am Strand weiter.« »Was denn – am Strand?« »Klar, Segel aufholen üben.« »Wie? Was? Nur das Segel? Ohne Brett? Die Leute müssen mich ja für eine Idiotin halten. Zuerst im Wasser ohne Segel und jetzt am Strand ohne Brett?« »Klar, das geht prima und ist nicht so kalt.« Das überzeugte Trine.

Fite buddelte den Mastfuß ein. »So, jetzt nur die Startschot greifen und zurücklehnen, dann kommt das Rigg von allein hoch.« »Wer kommt hoch?« »Das Rigg!« »Und das Segel?« »Das gehört zum Rigg.« »Vielleicht noch was?« »Gabelbaum, Mast und Mastfuß.« »Und das soll ich alles hochziehen?« Fite atmete tief durch. »Okay, zieh jetzt einfach das Segel hoch, bitte.« Trine hängte sich rein und bekam das Rigg tatsächlich hoch. »Ich kann's, ich kann's«, jubelte sie, aber im nächsten Augenblick rutschte der Mastfuß aus dem Sand und verpasste ihr einen Kratzer quer über den Fuß. Trine schrie auf und ließ die Schot durch die Hände rutschen, wobei sie drei ihrer knallrot lackierten künstlichen Fingernägel einbüßte. Tränen schossen in ihre Augen und sie blaffte los: »So, jetzt reicht es, ich hau ab. Lass mich bloß mit deinen scheiß Übungen in Frieden!«

Nach diesem einschneidenden Ereignis trennten sich Fite

und Trine – für immerhin zwei Stunden. Dann kam sie mit neuer Frisur zurück ins Apartment. »Wer hat dir denn den Schädel gerupft?«, fragte Fite erschrocken. »Meine Kollegin. Ist dieselbe Frisur wie von dieser einen Surferin aus deinem Heft. Und jetzt krieg dich wieder ein, morgen geht's weiter.«

»Und ich seh doch aus wie ein Mehlsack!«, meckerte Trine, als sie tags darauf mit dem Neo Größe 50 ins Wasser stampfte. »Unsinn – der passt wie angegossen. Und jetzt rauf aufs Brett und das Rigg aufholen.« Trine kletterte rauf. »So, jetzt in die Hocke und Schot greifen.« Sie griff. »Aufstehen und zurücklehnen!« »Was?« »Zurücklehnen – einfach zurücklehnen!« Trine wackelte hin und her. »Schnell – zurücklehnen, los, jaa – aber den Rücken gerade!!!« »Schrei mich nicht so an!«, brüllte sie. »Wer schreit denn hier?« »DUUU!!« »Na wenn du 20 Meter weg bist, dann muss ich doch ...« »Aha, du schreist also doch! Nicht mit mir. Nicht in diesem Ton!« »Soll ich vielleicht eine schriftliche Anfrage mit drei Durchschlägen schicken?« »Das ist ja unerhört, wie du mit mir sprichst!« Sie ließ die Schot los, platschte ins Wasser und zog fluchend und flennend ab.

»Junge«, sagte Fites Vater, der Fischbudenbesitzer, »du darfst niemals deiner eigenen Frau oder Freundin deinen Sport beibringen. Da kriegste nur Ärger. Lass das mal jemand anders machen.« Eine wirklich gute Idee. Und so engagierte Fite Sven als Lehrer.

Schon nach der ersten Übungsstunde kehrte Trine lachend zum Strand zurück und schäkerte mit Sven. »Mann, bist du ein guter Lehrer«, strahlte sie. »Er hat nur gesagt ›In die Hocke, Schot greifen, aufstehen, Rücken gerade und zurücklehnen.‹ Dann hat's geklappt!« »Und was hab ich gesagt?«, fragte Fite. »Vielleicht ›Los Alte, hau das Ding raus‹?« »Ja, irgendwie so ähnlich.«

Abends ging Trine sogar mit Sven ins Café und sah mit ihm ein Theoriebuch durch. Fite drückte an der Fensterscheibe seine Nase platt, als er die beiden voller Eifersucht beobachtete. Am nächsten Tag versteckte er sich mit dem Feldstecher in einem Strandkorb und sah, wie die beiden in die Nachbarbucht trieben. »Was machen die da nur. Sind schon eine Stunde weg«, grübelte er. »Warte nur, Sven, wenn ich da was merke!« Zwei Stunden danach kamen sie auf den Brettern zurück, Trine surfte! Sie wendete vorsichtig und halste sogar!

Und als sie an Land gingen, bekam Sven ein Küsschen! »Der kann das eben viel besser als du«, sagte Trine. »Morgen zeigt er mir den Beachstart.« Fite war am Ende. »Hör mal zu, Junge«, sagte er zu Sven, »wie machst du das?« »Genau wie du. Dein Vater hatte schon recht. Sport nie mit der eigenen Frau. Da kannste dich gleich scheiden lassen.« »Und du nutzt das nicht aus, so irgendwie mit Grapschen oder so?« »Bin doch nicht blöd, am Schluss fährt sie auf mich ab, und dann isses derselbe Mist wie bei dir.« »Danke!« »Gern geschehen.« »Aber ich stell mir das so toll vor, wenn sie von mir was gelernt hat, glücklich aus dem Wasser kommt und ich krieg dann ein Küsschen. Echt romantisch ...« »Jou«, meinte Sven, »vielleicht kann ich da was für dich tun.« »Das wär super, Alter.«

Ein paar Tage später war es dann so weit. Bevor Sven mit Trine den Wasserstart üben ging, kam er zu Fite, der mutterseelenallein am Strand hockte. In Svens Schlepptau befand sich eine Horde von Mädels in Surfklamotten. »So«, sagte Sven, »hier sind deine Küsschen.« »Was?« »Na, ich hab das 'n bisschen rumerzählt, wie gut das klappt, wenn jemand anders den eigenen Mäusen das Windsurfen beibringt, und sie meinten, das wär 'ne Bombenidee und du wärst dafür genau richtig. Also, das hier ist die Freundin von Fips, die hier von Einar, die von Horst, die von Peter, die von Manni, die von Tonne und die etwas Ältere dahinten, das is meine Mutter. Viel Spaß und nicht grapschen, Alter!«

Kite is right

»Nach zwanzig Jahren kann einem schon mal was langweilig werden«, seufzte Karl Zapf inbrünstig, worauf seine Frau zurückgiftete, »kannst dir ja 'ne andere suchen, die deinen Dreck wegräumt!« Schließlich hatten beide gerade erst ihren zwanzigsten Hochzeitstag gefeiert. »Nein, nein, ich meine das Windsurfen. Zwanzig Jahre lang kralle ich mich jetzt schon an diesen Gabelbaum, ist doch stumpfsinnig. Jetzt muss endlich mal was Neues her!« Karl wusste auch schon was: ein Kite! Damit würde alles wieder so aufregend werden wie früher. Mit einem Kite wäre er wieder ein Pionier. Man würde bewundernd zu ihm aufsehen und er wäre der Mittelpunkt am See. Außerdem war so ein Gerät unwahrscheinlich trendy, und das brauchte man in einem gewissen Alter einfach – so wie andere eine Harley.

»Schau mal«, kreischte Karl aufgeregt, als er ein paar Tage später den Matratzen-Drachen in seinem Garten ausrollte. »Ein echtes Schnäppchen, wird inklusive einer Lebensversicherung verkauft!« »Wieso – ist das so gefährlich?«, fragte Frau Zapf. »Quatsch, ganz einfach, steht ja auch hier auf der Gebrauchsanleitung.« »Dann lies sie nur ja genau!« »Blödsinn. Einen Drachen steigen lassen konnte ich schon mit vier. Das ist wie Radfahren, so was verlernt man nicht!«

In aller Frühe stand Karl am nächsten Tag an seinem Hausrevier. Gott sei Dank wehte es ablandig, denn der Strand war nur 5 Meter breit, dahinter kamen schon die Bäume. Karl legte den Kite an den schmalen Uferstreifen und schlängelte sich mit den Leinen zwischen den Baumstämmen hindurch. Ein alkoholisierter Penner, den er von einer Uferbank gescheucht hatte, hielt den Kite hoch, der Wind fuhr hinein und los ging's. Karl konnte gerade noch das Trapez einhängen, sonst hätte er glatt die rasende Fahrt auf dem Bauch über Wurzeln und Kies verpasst. Anschließend zischte er mit Höllenspeed wie ein flacher Stein übers Wasser und ließ am Strand eine qualmende Furche zurück. »Mann, wie bei ›Zurück in die Zukunft‹«, murmelte der Penner, »man sollte doch mit dem Trinken aufhören!«

Die Landung auf der anderen Seeseite ging sogar noch etwas schneller als der Start, denn der Campingplatz gegenüber verfügte über eine praktische kleine Ufermauer, gegen die Karl mit hoher Geschwindigkeit knallte. »Sind Sie aus einem Flugzeug gefallen?«, fragte so ein schlampiger junger Typ, als er Karl sah. »Nein, ich bin Kitesurfer. Probiere das Teil gerade aus.« »Ach so.« »Kannst du mir den Kite mal kurz hochhalten?« »Klar.« Karl wollte sich jetzt nur ja keine Blöße geben, der Wind wehte hier auflandig und die Uferwiese war riesig. Also optimale Bedingungen. Der Kite stieg hoch und zog Karl hinter sich her, quer über den Rasen. Dann zog es Karl plötzlich in die Luft und er donnerte gerade über die Dächer der Campinganhänger, als ihn eine angenehme Sommerbö gewaltig nach oben riss und er unter dem Beifall der Camper sanft in Richtung Osten davonsegelte. »Krass«, stammelte der junge Typ, »man sollte vielleicht doch mit dem Dope aufhören.«

Zwei Stunden später holten Frau Zapf und die Feuerwehr den hilflosen Kiteflieger mittels einer Drehleiter von der Fahnenstange eines Rathauses, 10 Kilometer in Lee vom See.

Tags darauf stand Karl bei Sideshore-Wind am Strand. Diesmal steckten seine Füße fest in der Gummibindung eines sündhaft teuren Kiteboards und ein netter Rentner mit Dackel hielt ihm den Kite hoch. Los ging's. Die ersten 3 Meter waren der pure Rausch. Aber dann bremste die Luftmatratze eines Badegastes die Fahrt doch etwas ab, das Manövrieren des Kites wurde durch den Dackel, der sich mit seiner Leine in einer von Karls Leinen verfangen hatte, auch nicht gerade einfacher. Jetzt schwebte das Tier in 10 Meter Höhe und der Rentner wurde unruhig. Karl schob das Wasserbett vor sich her, der Badegast fluchte wie ein Bierkutscher, der Dackel kläffte und der Rentner meinte nur kopfschüttelnd, »man hätte sich doch einen Bernhardiner zulegen sollen, die sind einfach schwerer«. Karl blieb nur noch die Notbremse und er vollzog die Trennung von Mensch und Material. Sein Kite verabschiedete sich, zusammen mit dem Flughund, leise knatternd in Richtung Alpen und Karl sackte langsam mit dem Brett an den Füßen in den schlammigen Seegrund.

Gegen Abend, der Strand lag schon lange verlassen da, steckte Karl Zapf immer noch im Morast. Diese Bindungen hielten wirklich bombig. Nur sein Kopf ragte wie eine Boje aus dem Wasser. »Was ist schiefgegangen?«, fragte seine Frau, die ihn nach langem Suchen endlich entdeckte. »Kinderkrankheiten. Muss nur noch was am Brett verändern!«, rief Karl.

Beim nächsten Versuch entschied sich Karl für ganz normale Fußschlaufen. Zum ersten Mal genoss er das losgelöste Kitegefühl – bis ihm seine 45er-Latschen doch aus den Strapsen rutschten. Diesmal blieb er aber bis zum bitteren Ende am Drachen hängen und erreichte mit perfektem Bodydrag-Stil ein ihm bis dato unbekanntes, sehr gemütliches Seerestaurant mit einem sehr ungemütlichen, harten Holzsteg. »Man sollte vielleicht Brett und Fuß mit einer Leine verbinden«, überlegte ein freundlicher Kellner, als er Karl so ohne Board am vordersten Holzpfahl kleben sah.

Leicht genervt beschloss Karl, das viel zu kleine Revier zu verlassen, und startete eine Kiteexpedition an den Gardasee. Bei sattem Vento legte er, diesmal mit Leash, in Riva ab und donnerte halbwinds hinüber nach Torbole. »Komm doch her, komm doch!«, riefen ihm Windsurfer zu, die sich zur Selbstverteidigung Rasierklingen an ihre Masten geklebt hatten, um damit Kite-Steuerleinen zu durchtrennen. Aber Karl manövrierte sie aus und setzte zu einer Speedhalse ohnegleichen an. Sein Kite stand hoch über ihm. Da rauschte im Tiefflug unvermittelt ein italienischer Düsenjäger Marke Fiat aus Süden heran. Der Pilot zog kurz vor Karls Drachen hoch, zündete den Nachbrenner und Karls Kite zerbröselte in Sekundenschnelle zu Asche. »Schweinehund!«, brüllte Karl noch während er unterging und schwor bittere Rache.

Am nächsten Morgen stand er mit neuem Gerät wieder zum Start bereit. Diesmal hatte er extralange Stahlseile montiert. »Damit hol ich dich vom Himmel, du Hund!«, drohte er martialisch und düste los. Auf dem Weg nach Torbole zerstieben die Rasierklingen der feindlichen Windsurfer nur so an seinen Nirosta-Leinen. Karl hielt Ausschau nach dem Flieger. Er musste nicht lange warten, dann sah er ihn schon als kleinen dunklen Punkt in Höhe Malcesine. Er brachte sich in Position und ließ den Kite so hoch steigen, wie es nur ging. Schon kam sein Widersacher angeschossen. Ein kurzer Ruck, die Flügel erfassten Karls Stahlseile, der Jet zog hoch und beide, das Flugzeug und Karl Zapf, verschwanden donnernd hinter dem Brione.

Kurz darauf erhielt Karls Frau zu Hause einen Anruf vom Nato-Flugplatz Piacenza. Ihr Mann sei wohlbehalten gelandet und es ginge ihm den Umständen entsprechend gut. Auf die Frage, wann er denn nach Hause käme, sagte man ihr, dass er versuchen werde, sich vom Canal Grande aus mit seinem Kite an die 9-Uhr-Maschine der Alitalia in Venedig zu hängen. Er würde dann planmäßig um 10 Uhr am Münchner Flughafen aufschlagen und zu Ausgang A 12 geschleift werden.

»Man hätte ihm doch lieber eine Harley kaufen sollen«, meinte Frau Zapf und machte sich auf den Weg zum Airport.

Alle Macht dem Material

»Halllooo – liebe Surferinnen und Surfer! Mit einem herzlichen ›Hang Loose‹ begrüße ich Sie wieder zu unserer Talkshow. Heute talken wir über Sucht, ja, über Materialsucht! Es gibt tatsächlich Surfer, die unter dem Zwang stehen, immer das neueste Material kaufen zu müssen, sonst werden sie wahnsinnig. Andererseits gibt es auch welche, die brauchen rein suchtmäßig genau das Gegenteil, sonst werden auch sie wahnsinnig. Wahnsinn, was? Zwei dieser Irren haben wir heute eingeladen, Herrn Manfred Kauffer, einen pathologisch Materialabhängigen, und Herrn Lutz Waigerer, einen carbonharten Konsumverweigerer.

»Herr Waigerer, mal ehrlich, was wäre denn Windsurfen ohne Bretter, Segel, Masten?«

»Schwimmen!«

»Sicher, aber der Fortschritt ist doch wichtig, sonst würde ja heute in der Bundesliga auch noch mit einer schlaffen Schweinsblase rumgekickt.«

»Wenn man es kann, geht's damit genauso gut. Die Technik macht's. Fahrkönnen kann man nicht kaufen.«

»Wie sehen Sie das, Herr Kauffer?«

»Ich brauche immer die Testsieger. Nur das Neueste vom Neuen. Ich hasse alte Ausrüstung.«

»Zweifeln Sie etwa daran, dass mein '86er HiFly 275 die Krone des Kurzbrettdesigns darstellt?! Ich krieg direkt Pickel, wenn ich dieses Hightech-Schickimicki-Lifestyle-Material nur ansehen muss!«

»Die Bretter verschwinden doch sowieso von selbst im Boardbag, wenn Sie näher kommen.«

»Herr Kauffer, wie läuft bei Ihnen so ein Kauf ab?«

»Aach, das ist spannend. Es gibt ja mehrere Tests im Jahr, und immer ungefähr drei Wochen bevor die neue ›surf‹ erscheint, krieg ich so ein Zittern in den Fingern. Wer wird Testsieger? Gibt's das Brett oder das Segel schon im Laden? Ich will kaufen, kaufen, kaufen!«

»Aha, Sie sind dann quasi auf Entzug?«

»Genau. In den folgenden Tagen kommen dann Brechreiz und Blähungen dazu und dann halt ich's nicht mehr aus – dann ruf ich meinen Freund in der Druckerei an, hol mir die frische ›surf‹, rase damit zum Surfshop und kaufe alles, was im Test ganz oben ist – und die Blähungen sind wie weggeblasen.«

»Wann haben Sie sich denn zuletzt was Neues gekauft, Herr Waigerer?«

»Leider im vergangenen Jahr, eine Finnenschraube für den US-Standardkasten meines 275ers. Die musste ich mir in einer Kunstdreherei machen lassen, weil jetzt gibt's ja nur noch diesen Quatsch für Powerbox.«

»Ja, Gott sei Dank. Ich habe die neueste bidirektionale Thermo-Composite-Twistfinne, damit kommt man volle 0,02 Beaufort früher ins Gleiten!«

»Und welche Boards haben Sie gerade?«

»Widebody. Nur Widebody. Ah, herrlich!«

»Alles schon mal da gewesen. Früher waren doch alle Bretter breiter. Man muss nur lange genug warten, dann sind sie wieder topaktuell.«

»Das werden Sie nicht mehr erleben, dass Ihre biegsame Schüssel wieder modern wird. Höchstens als Sprungbrett im Schwimmbad!«

»Wie viele Sprungbretter, äh, Surfbretter besitzen Sie denn, Herr Kauffer?«

»Also das weiß ich nicht genau. Der Keller ist schon seit drei Jahren voll. Durch meine Scheidung kam noch das Bügelzimmer dazu, dann hab ich angebaut und letztes Jahr hab ich ein Lager dazugemietet. So 300 Stück vielleicht?!«

»Wie hat das denn alles bei Ihnen angefangen?«

»Ja, das war damals mit dem ersten Sunset. Ich weiß noch genau, wie ich mir das F2-Logo auf den Hintern tätowieren ließ ...«

»Aber die Topmarken wechseln doch, mittlerweile haben Sie sicher alle möglichen Bretter gekauft?«

»Klar, deshalb hab ich auch schon über 47 Tattoos hintenrum, wollen Sie mal sehen?«

»Nein danke, lieber nicht. Woher, glauben Sie, kommt Ihre Verweigerungshaltung, Herr Waigerer?«

»Ich hasse Konsumterror, diese Abhängigkeit vom Material, immer nur die Topfirmen. Deshalb kaufe ich nur was, das nicht neu ist, und es muss mindestens 30 Prozent unter dem einstigen Testdurchschnitt liegen. Damit fahren Sie dann mal eine Halse! Da ist Fahrkönnen gefragt! Der Mensch ist wichtig. Man muss die Looser unterstützen, die Außenseiter, die vom Schicksal Gebeutelten, das ist wie im Leben, immer zählen nur die Sieger, schnief, das ist unfair, schnief, gemein ist das, hundsgemein ...«

»Also jetzt nehmen Sie sich doch zusammen, heult hier rum ... waren Sie schon mal in einer Therapie?«

»N-n-nein, huuhuu ...«

»Ich schon. Der Seelenklempner meinte, ich hätte einen frühsurferischen Schuldkomplex der Industrie gegenüber, weil ich '76 meinen alten Windglider auf den Müll geschmissen habe. Seitdem muss ich einfach kaufen, kaufen, kaufen, ja, kaufen, kaufen, kaufen!«

»Nur die Ruhe, er konnte Ihnen nicht helfen?«

»Nein, obwohl er als Firmenarzt von Mistral wirklich ein Spezialist war, will ich immer nur kaufen, kaufen, kaufen!«

»Da kam Ihnen die neue Disziplin Freestyle sicher gerade recht, was?«

»Klar. Früher hatte man vielleicht zwei, drei komplette Ausrüstungen. Dann kam Race, Slalom, Race-Slalom, Freeride und jetzt Freestyle, herrlich, immer alles in Small, Medium, Large und X-Large. Und dann die Segel. Jetzt topgeil ohne Camber!«

»Hab ich schon seit fünfzehn Jahren, da haben Sie RAF noch für die Rote Armee Fraktion gehalten! Und überhaupt, diese Masse an Material ist Unfug, reduzieren muss man es.«

»Quatsch, die Gleitfläche muss man reduzieren. Demnächst soll es ein neues Brett geben, das überhaupt keine mehr hat! Das kauf ich mir!«

»Woher haben Sie denn diese Information?«

»Na ja, um noch früher dran zu sein als der Test in der ›surf‹, arbeite ich jetzt mit einer ungarischen Hellseherin zusammen. Von der hatte ich auch den Tipp mit den Flapper Boards. Damals sagte sie: ›Sähä ich Brättär kommän, wås aussähän wie Sändwitsch von zwei Måtråtzän und wo hintän, bittäschön, hängt sowås wie Schaibe von aine ungårische Sålåmi, aine ungårischä häraus.‹ Ich habe dann drei Wochen vor dem Surfshop gecampt, damit ich das erste Brett kaufen konnte. Ja – kaufen, kaufen, kaufen ...!«

»Bleibt noch die Frage: Wie oft surfen Sie denn?«

»Surfen? Sie sind gut! Ich habe alle Hände voll zu tun mit Testpunktaddition, Neukauf, Fahrten, Verkauf von Altmaterial und Lagerhaltung. Surfen war ich schon seit 1985 nicht mehr!«

»Da haben Sie es! Nichtsurfer kaufen Surfmaterial. Da gilt doch der Umkehrschluss: Aktive Surfer kaufen kein Material. Ich möchte mit solchen Leuten wie Herrn Kauffer aber auch gar nichts zu tun haben, vielleicht bis auf ...«

»Ja?«

»Nun ja, mein Brusttrapez hat sein Leben ausgehaucht und jetzt suche ich ein neues, ich meine natürlich ein neues gebrauchtes Brusttrapez, eventuell hätte Herr Kauffer eines ...«

»Natürlich, ganze Kisten voll.«

»Vielleicht ein ganz schlecht sitzendes in Pink?«

»Klar, das war Vorletzter im Test 1981!«

»Prima, was kostet es?«

»Tja, damals 69, mittlerweile ist es eine Rarität, so ungefähr 500?«

»An dieser Stelle wollen wir uns lieber ausklinken und freuen uns schon aufs nächste Mal. Dann diskutieren wir mit vier Förstern aus sieben Ländern über das erschreckende Gabelbaumsterben im afrikanischen Segelwald. Bis dahin also!«

King Harry,
der Manöver-König

Harry Zapf war alles egal. Seit einigen Monaten litt er unter auffälliger geistiger Abwesenheit, die sein Therapeut darauf zurückführte, dass Harry behämmert war. Das stimmte zwar größtenteils, war aber keine Lösung für Harrys Problem.

»Treiben Sie Sport?«, fragte der Seelenklempner, »Sport ist gut fürs Gehirn.« »Na ja, Skat und so ...«, antwortete Harry dumpf. »Nein, ich meine so was wie Radfahren oder Tennis, Bewegung eben.« »Nö – das heißt bis letzten Herbst war ich noch ein fanatischer Windsurfer, bin aber dann auf hohem Niveau stagniert und hab aufgehört.« »Da haben wir es!!«, triumphierte der Hirnmechaniker, »Sie hatten keine Erfolgserlebnisse mehr – das muss anders werden, dann hängen Sie auch nicht mehr so hohl in der Gegend rum!«

»Und wie soll ich das anstellen?« »Fangen Sie wieder an zu surfen, setzen Sie sich kleine Etappenziele und darüber das große, das Überziel. Die kleinen Ziele bringen schnelle Erfolgserlebnisse. Dann werden Sie sich gleich viel besser fühlen und auch Ihr Überziel locker schaffen!« »Und was ist das für ein Überziel?«, fragte Harry schlapp. »Das, lieber Herr Zapf, das sage ich Ihnen bei der nächsten Sitzung – und jetzt bekomme ich erst einmal 150 Euro für heute, gell!«

»Wenn es denn hilft«, meinte Harrys Angetraute, »dann geh von mir aus wieder surfen. Vielleicht wirst du dann endlich klar in der Rübe und schickst abends statt der Oma wieder den Hund vor die Haustür.«

»Herr Zapf«, sagte der Sigmund-Freud-Erbe einige Tage später, »ich hab's. Sie werden Manöver-König! Das ist Ihr Überziel. Ihr persönliches Erfolgserlebnis! Berühmtheit, Ehre, Geld und Weiber warten auf Sie. Das ist doch was – Sie brauchen nur den Wettbewerb ›King of Manoevers‹ zu gewinnen!« »Mehr nicht?« »Stellen Sie sich doch nicht so an, Zapf. Na los – und übrigens wären da noch meine 150 Euro für diesmal, gell!?«

Harry Zapf begann zu planen. Als kleine Ziele steckte er sich brandneue Manöver. Und alle zusammen sollten ihm dann den Sieg beim Superevent »King of Manoevers« bringen. Wie ihm ein intimer Kenner der Fahrtechnik-Szene steckte, entstanden die heißesten Manöver weltweit derzeit in den Surfschulen. Sie sollten den Besitzern unsterblichen Ruhm, mehr Kunden, aber vor allem mehr Kies in die Kassen bringen. Also entschloss sich Harry kurzerhand zu einer Weltreise in Sachen Manöver.

Am Gardasee sollte es eine neue Wende zu bestaunen geben, die Harry unbedingt in sein Repertoire aufnehmen wollte. Deshalb bezog er, gut getarnt und mit Videokamera plus Teleobjektiv ausgerüstet, hinter einem Busch am Ufer Stellung und wartete bei morgendlichem Vento auf den bekannten Surfinstruktor. Nach etwa dreißig Minuten geschah es – ein Strich jagte von der Surfschule hinaus auf den See in Richtung Navene. Das war er, der Erfinder der sagenumwobenen »Monte Baldo Tack«! Diese Wende wurde bisher noch nie in freier Surfbahn beobachtet. Der Strich jagte weiter hinaus auf das gegenüberliegende Baldomassiv zu, blieb plötzlich fast stehen und wirbelte blitzschnell irgendwie herum. Harry drückte auf den Auslöser und im nächsten Augenblick schoss der Surflehrer bereits wieder zurück, um am Ufer eine ganz normale Halse zu drehen. »Hab ich dich!«, dachte Harry. »Ein Wahnsinnsmanöver hab ich schon mal und kann es zu Hause üben.«

Abends in der Kneipe schnappte er sich den Lehrer und quetschte ihn geschickt aus. »Wie geht denn deine neue Wende?« »Ganz einfach: Rigg mit dem Mast aufs Heck legen, anluven, im Liegen auf den anderen Bug rollen, aufstehen, Rigg hoch und fertig! Aber das Wichtigste ist, dass du sie affenartig schnell machst.« »Warum?« »Schnell ist geil!« »Ahja. Und warum heißt sie ›Monte Baldo Tack‹?« »Na weil sich gerollte Liegewende doch saublöd anhört.« »Stimmt.«

Harry packte seine Sachen ein und düste an den Neusiedler See. An dieser flachen Pfütze hatte ein eingeborener Surflehrer den »Podersdorfer Stinger« mit anschließendem »Throw-Up 360er« erfunden. »Was ist das denn?«, fragte Harry Zapf.

»Eine Oat Luub mid an NousDeif.« »Bei dem flachen Wasser? An manchen Stellen ist ja gerade mal der Seeboden feucht?!« »Eh kloa. Am Schluss muasd mid da Brettnosn im Bodn steckn und mid an geschmeidgn Körpa-360a sölba ins Wosa dauchn ohne zu speibn. Und ollas ganz schnöö. Des is die Kunst!« »Ahso!«, sagte Harry und bannte das Kultmanöver auf Video. Nummer zwei für seine King-of-Manoevers-Kür war im Kasten.

Danach jettete er nach El Yaque, wo ihm der Surfschulchef seinen original »El Yaque Board Breaker« vor die Linse knallte. Es war eine Art ultraschnelles Hasengehoppel über den Chop mit abschließendem Sprung, bei dem das Brett nach der Landung unbedingt exakt mittig auseinanderbrechen musste. »Wichtig dabei ist«, sagte der Lehrer, »dass man den Unterkiefer ganz locker hält. Das gibt gute Bewertungen und verhindert, dass man sich die Zunge abbeißt.«

Auf dem Flug nach Hawaii hörte Harry andere Surfer immer wieder von der »Super Sonic Jibe« tuscheln, dem derzeit schnellsten Trickmanöver der Welt. Und tatsächlich, als der Kerl aus der Surfschule von La Haidanai den Move zeigte, sah es aus, als ob er nur geradeaus gefahren wäre. »Sagenhaft, das wird der Hammer. Auf dem Video werde ich dann schon sehen, was da abgeht«, meinte Harry und machte sich auf den Weg nach Japan, wo ein Surfschul-Local den »Omaezaki Harakiri« kreiert hatte. Leider konnte Harry dort aber nichts aufnehmen, weil der Erfinder dieses ultimativen Spektakels sich beim ersten gestandenen »Omaezaki Harakiri« mit der Finne den Bauch aufgeschlitzt und sofort das Zeitliche gesegnet hatte. Trotzdem wurde dem Mann grenzenlose Bewunderung gezollt und ein japanischer Kollege erklärte Harry freundlich lächelnd die korrekte Ausführung des Manövers: »›Omaezaki Halakili‹ nul pelfekt, wenn Sulfel hintelhel ganz tot!«

Zurück in Good-Old-Europe schiffte sich Harry in Paros ein, wo der örtliche Superstar Mikis Promillonakis mit einer weiteren Hochgeschwindigkeits-Sensation aufwartete: Während einer Duck Jibe leerte er, hinter dem Segel versteckt, tatsächlich eine 2-Liter-Flasche Retsina, noch bevor er auf dem anderen

Bug wieder Fahrt aufnahm. Das Video würde es zu Hause beweisen.

Abschließend begab sich Harry Zapf nach Teneriffa. Dort hatte gerade der »El-Medanobakterien-Killer« das Licht der Surfschulwelt erblickt. Mit etwa 35 Segel 360ern wurde dabei der Mastfußzapfen derart erhitzt, dass das Wasser um das Brett herum zu kochen begann und nachweislich alle Bakterien in der Bucht abtötete.

Wieder daheim, begann Harry mit der Videoanalyse der Manöver. Nächtelang saß er vor dem Fernseher, um seine Kür auszuarbeiten. Dann, vier Wochen später, war es so weit und er reiste siegessicher zum »King of Manoevers«-Wettbewerb an den bekannten Mistral-Spot »Vent du Nord ou pas«. Er kämpfte sich durch die Qualifikation und die darauf folgenden Runden bis ins Finale, das er mit großem Erfolg für sich entschied.

»Wie haben Sie das geschafft?«, fragte sein Therapeut den nun Geheilten bei der abschließenden Sitzung und bat diesmal gleich um die 150 Euro im Voraus. »Na, bei der Videoanalyse konnte ich die Manöverabläufe überhaupt nicht erkennen, alles ging viel zu schnell. Das musste doch den Punktrichtern genauso gehen. Das war meine Chance. Manöver muss man so langsam fahren, dass man sie auch sehen kann! Und tatsächlich, die Judges kriegten die Blitztricks der anderen gar nicht mit. Meine aber schon. Ich bin eine schöne, langsame Wende gefahren, dann eine gemütliche Halse, fast im Stand, einen geschnittenen Segel 720er, dann rückwärts auf der Kante und zum Schluss habe ich im Kreuzhang mit den Zähnen Plastiktüten aus dem Wasser gefischt.« »Aber mit den winzigen Brettern geht doch so was gar nicht, die saufen doch ab!?« »Eben, das Wichtigste beim Tricksurfen ist das Material.« »Ach was, welches Brett haben Sie denn genommen?« »Meinen HiFly 111!« »Was? So einen hab ich auch noch rumliegen. Glauben Sie, Sie könnten mir auch ein paar solche Tricks beibringen?« »Aber gerne. Für Sie hätte ich da sogar was ganz Irres.« »Ja wirklich?!?« »Einen absolut einmaligen Trick aus Japan – allerdings muss ich dafür auch im Voraus kassieren ...«

Gute Nacht, Iballa-Josh-nimm' die Finger da weg!
Schnauze! Licht aus!
Gute Nacht Daida!
Gundenachch... ...Rülps!
Gute Nacht, Robby. Gute Nacht, Björn. Hihihi.....
Living in a Box Hotel
FÖRTH